**Gérard Rodach**
**Aviad Goz**

# Trouver sa voie

Réorienter sa carrière et sa vie en accord avec ses motivations

Issy-les-Moulineaux
esf EDITEUR

Le concept N.E.W.S.©, la méthode s'y rapportant, ainsi que tous les éléments associés sont protégés par droit d'auteur.

La dénomination N.E.W.S. Coaching® est une marque de commerce et une marque enregistrée.


Division de Reed Business Information
SAS au capital de 4 099 168 €
2, rue Maurice Hartmann, 92133 Issy-les-Moulineaux cedex
Président : Antoine Duarte
Directeur de publication : Antoine Duarte
www.esf-editeur.fr

ISBN 978-2-7101-2070-4
ISSN 0768-2026

# Remerciements

De la part d'Aviad Goz : à Roni, mon amour et mon inspiration.

De la part de Gérard Rodach : à Maryse, Julie, Jérémie et Elsa pour leur patience durant l'écriture de ce livre.

Nous remercions également l'équipe de N.E.W.S. Coaching & Training pour ses conseils et suggestions, en particulier Catherine Beckmann pour le temps consacré à la relecture.

# Comment tirer le meilleur parti de cet ouvrage ?

Cet ouvrage a pour vocation de vous accompagner dans votre développement personnel et professionnel.

Pour remplir au mieux ces missions, il est constitué de 3 parties :

1 - La première partie, « **Comprendre les enjeux** », vous apporte les éclairages indispensables pour :

- ✓ acquérir une vue d'ensemble de la thématique ;
- ✓ maîtriser la méthodologie ;
- ✓ et découvrir les outils appropriés.

2 - La deuxième partie, « **Mettre en pratique** », vous permet de vous entraîner, et grâce aux exercices proposés, d'approfondir et d'assimiler la thématique développée tout au long de l'ouvrage. Les corrigés, quant à eux, permettent de faire le point sur la progression engagée et d'entamer un travail de réflexion personnel.

3 - La dernière partie, « **Pour aller plus loin** », vous propose :

- ✓ un programme de session de formation pour les professionnels qui souhaiteraient monter un stage de formation ;
- ✓ un lexique ;
- ✓ un index ;
- ✓ une bibliographie.

Pour profiter au mieux des ressources de cet ouvrage, l'auteur a conçu un **plan d'autoformation** personnalisé qui vous conduira, étape par étape, à la maîtrise du sujet traité. Ce plan d'autoformation se trouve page 5.

Bien entendu, vous pouvez également choisir de découvrir cet ouvrage de façon habituelle, en vous appuyant sur la table des matières que vous trouverez en page 7.

Nous espérons que cet ouvrage vous rendra les meilleurs services dans vos activités professionnelles et personnelles. N'hésitez pas à nous écrire pour nous faire part de vos remarques, critiques et suggestions :

ESF éditeur - Service Lecteurs
2, rue Maurice-Hartmann
92133 Issy-les-Moulineaux cedex

# Plan d'autoformation

Le plan ci-dessous a pour objectif de vous permettre de découvrir et de vous approprier les sept clés nécessaires pour « trouver sa voie ».

Bien qu'elles soient présentées dans un ordre logique et progressif, vous pouvez aussi, si vous le désirez, aborder chacun des thèmes au gré de votre intuition ou des circonstances, chacun d'entre eux étant suffisamment explicite pour pouvoir faire l'objet d'une approche séparée.

Dans chaque chapitre, deux parcours (cas fictifs) illustrent les apports théoriques (vous suivrez les héros de ces cas tout au long de l'ouvrage).

Chaque chapitre fait l'objet d'exercices vous permettant de mettre en pratique les apports et les outils.

Chaque corrigé d'exercice est bâti autour d'un troisième parcours que vous suivrez au fil des pages.

Chacun des parcours est bâti sur un thème différent :
– coaching de vie : orientation de sa vie personnelle et professionnelle (Michèle) ;
– coaching en organisation : orientation de sa carrière professionnelle (Jean-Luc) ;
– coaching de responsables : changement de carrière (Stéphane).

Ces parcours vous offrent divers exemples concrets pour bâtir votre propre chemin.

**1** **Lisez le chapitre 1** pour faire le point sur votre croisée des chemins. Faites l'exercice 1 pour apprécier la nature de la croisée des chemins que vous vivez actuellement.

**2** **Lisez le chapitre 2** pour mieux vous connaître et définir votre spécificité. Faites l'exercice 2 pour apprécier vos atouts.

**3** **Lisez le chapitre 3** pour choisir une cible cohérente avec votre spécificité. Faites l'exercice 3 pour définir un objectif en adéquation avec celle-ci.

**4** **Lisez le chapitre 4** pour apprendre à réduire les obstacles à votre réussite. Faites l'exercice 4 pour vous libérer des freins à votre réussite.

5 **Lisez le chapitre 5** pour vérifier la cohérence entre votre direction et vos valeurs. Faites l'exercice 5 pour tester si vous êtes en harmonie avec vos valeurs.

6 **Lisez le chapitre 6** pour bâtir votre plan d'actions. Faites l'exercice 6 pour mettre en pratique les actions qui vous conduiront à votre but.

7 **Lisez le chapitre 7** pour faire vivre votre plan d'actions dans le temps. Faites l'exercice 7 pour comprendre comment garder le cap dans le temps.

# Table des matières

## 2^e partie - Mettre en pratique



## 3^e partie - Pour aller plus loin

# Première partie

# Comprendre les enjeux

# Introduction

*« Que désirez-vous vraiment ? C'est la seule vraie question. Une fois que l'on sait cela, on a un objectif et celui-ci vous donne une direction. »*

Steve De Masco

Trouver sa voie ? Pourquoi ? Vous êtes sur un chemin, bon ou mauvais selon votre appréciation, et c'est votre chemin. Vous êtes déjà passé par d'autres croisées des chemins, des moments où vous avez dû faire des choix qui vous engageaient à plus ou moins long terme : vos études, vos stages, votre mariage, votre logement, votre premier emploi… et vous voilà, là où vous êtes.

Vous pouvez toujours penser qu'une fois sur ce chemin, vous allez continer votre route cahin-caha. Toutefois, la vie vous rattrape, avec ses aspects positifs et négatifs : nouveaux métiers, nouvelles opportunités, mais aussi divorce, licenciement…

Alors, un jour, à l'occasion d'une croisée des chemins un peu plus âpre (une pression trop forte au travail, un divorce, une fatigue du quotidien), vous réalisez que vous n'êtes pas là où vous devriez être. C'est ce que s'est dit un jour Alfred Nobel.

Connaissez-vous la véritable histoire d'Alfred Nobel ? C'était un chimiste suédois, passionné d'inventions et qui devint milliardaire grâce à ses découvertes de la dynamite et du détonateur. Lorsque son frère mourut, le journal fit une confusion et publia sa nécrologie (et non celle de son frère). Il découvrit alors qu'il était perçu comme un marchand de morts. C'est ce qui le décida à créer le prix portant son nom. Aujourd'hui, Alfred Nobel est célèbre, mais pour d'autres raisons que ses découvertes « explosives ».

Ainsi, même s'il vous est impossible de faire marche arrière, vous êtes libre, à partir du moment où vous le décidez, de repartir et d'écrire une nouvelle fin à votre histoire. Quelle nouvelle histoire voulez-vous écrire ? Celle qui vous a conduit là où vous êtes, celle qui laisse la part belle au hasard ou bien encore la vôtre ?

Tout le propos de ce livre est de vous aider à trouver « votre » voie. Que votre croisée des chemins soit personnelle ou professionnelle, son approche structurée autour de la méthode N.E.W.S. vous permettra non seulement de trouver votre direction, mais aussi de lever les freins qui peuvent entraver votre chemin, de vous assurer que cela est en rapport avec vos valeurs et de bâtir un plan d'actions pour y parvenir.

Vous ne ferez pas ce voyage seul. Vous suivrez les parcours[1] de Michèle, Jean-Luc (dans cette première partie) et Stéphane (dans la deuxième partie) qui illustreront les étapes et outils contenus dans cet ouvrage.

Michèle a 48 ans. Elle est assistante dans un cabinet d'avocats depuis 20 ans. Jean-Luc a 32 ans. Il est responsable de projets techniques dans une entreprise hi-tech (haute technologie). Tous deux se trouvent à une croisée des chemins dans leur vie.

Vous rencontrez tout d'abord Michèle :

> - Bonjour Michèle, comment allez-vous ?
>
> - Pas très bien. J'en ai assez de mon travail.
>
> - Pourquoi ? Que vous arrive-t-il ?
>
> - Rien de particulier. Je pense simplement que ce travail ne me convient plus. Je l'avais pris à l'origine pour aider mon mari. Je n'aime pas particulièrement le milieu du droit et les avocats. Par ailleurs, mon mari et moi sommes maintenant séparés. Alors, où est mon intérêt ?
>
> - Ce n'est pas facile tout cela…
>
> - Ce n'est pas simple du tout. Je connais mon métier. Je suis reconnue comme une bonne professionnelle. Seulement, cela ne me correspond plus. Du coup, je m'énerve, je m'emporte avec mes collègues et mon nouveau compagnon me voit rentrer le soir complètement épuisée. Je suis juste bonne à m'allonger sur le canapé et à regarder la télévision. Je ne veux plus vivre ainsi. Est-ce cela la vie ? Que puis-je faire ? Comment arriver à faire quelque chose qui me passionne ? Est-ce que cela existe seulement dans les contes de fées ?
>
> - Que comptez-vous faire ?
>
> - Je ne sais pas. Je suis embêtée. Je fais ce métier depuis des années et maintenant je ne le supporte plus. Je dois trouver une activité plus en ligne avec qui je suis ou m'arrêter.
>
> - Pourquoi ne le faites-vous pas ?
>
> - Ce n'est pas aussi facile que cela. Que voudrais-je faire exactement ? Mon travail actuel, lui, est sûr. Mes amies me disent que je suis stupide de vouloir le quitter maintenant. Mes parents sont contre. Il n'y a que

1. Cas fictifs.

mon compagnon qui m'y encourage, mais il ne peut pas m'aider beaucoup plus. J'en ai assez.

- Nous espérons que vous saurez trouver votre voie, Michèle.

Au tour de Jean-Luc :

- Bonjour Jean-Luc, comment allez-vous ?

- Bien, merci. Mon entreprise bouge et il y a plein d'opportunités à saisir.

- Plein d'opportunités ! Racontez-moi !

- L'entreprise est en pleine réorganisation. Quand ce sera fini, plus rien ne sera comme avant. Mon responsable a déjà été muté.

- Qu'est-ce qui vous excite dans ce changement ?

- Je voudrais moi-même bouger. J'étais jusqu'à présent en charge des nouveaux projets. J'ai vraiment aimé cela. Mes collègues et moi avons réalisé quelques beaux logiciels. Nous sommes vraiment à la pointe de la technologie. C'est plaisant mais, en fait, maintenant, je souhaiterais travailler plus en liaison avec les clients.

- Pourquoi cela ?

- J'ai étudié l'informatique et, depuis mon plus jeune âge, j'ai toujours été fasciné par la technologie. Cependant, j'ai découvert ces trois dernières années, en fait depuis que je suis responsable de projets, que j'apprécie aussi la relation avec les clients. Je me suis intéressé à leur psychologie, leurs comportements et leurs réactions. C'est plus complexe que les ordinateurs. C'est nouveau pour moi. Cela me passionne. Et justement, j'aime bien faire ce qui me passionne.

- Qu'envisagez-vous ?

- Je dois trouver un poste qui combine à la fois la relation humaine et la technologie. Je pense qu'avec la restructuration en cours, c'est le bon moment.

- Bonne chance, Jean-Luc.

Vous lirez, chapitre après chapitre, la suite de leurs aventures.

Enfin, un dernier message : cet ouvrage n'est pas un manuel d'autocoaching. Cela n'existe pas. Il se veut simplement un outil de réflexion et d'analyse pour vous aider à y voir plus clair. Si, à l'issue de votre lecture, vous souhaitez aller plus loin et être accompagné, adressez-vous à des coachs spécialisés dans la méthode N.E.W.S. (voir p. 213) qui peuvent vous accompagner dans le plus beau voyage dans votre vie, celui de VOTRE projet.

1

CHAPITRE

# Faire le point sur sa croisée des chemins

*« L'homme n'est rien d'autre que son projet, il n'existe que dans la mesure où il se réalise, il n'est donc rien d'autre que l'ensemble de ses actes, rien d'autre que sa vie. »*

Jean-Paul Sartre

Trouver son chemin n'est pas un acte innocent : c'est ce qui donne du sens à notre vie au travers de nos choix volontaires ou imposés. Si vous lisez ce livre, c'est peut-être parce que cela vous interpelle, soit parce que vous êtes dans une quête de sens, soit plus simplement parce que vous vous interrogez sur les chemins qui vous ont conduit là où vous vous trouvez aujourd'hui.

Quelles croisées des chemins avez-vous vécues dans votre vie ? Comment les avez-vous gérées ? Quelles leçons en tirez-vous sur vous-même ? Quelle(s) situation(s) connaissez-vous aujourd'hui ? Ce sont quelques-unes des questions que vous allez vous poser dans ce chapitre. Après cette analyse, vous aborderez une méthode pour « naviguer » plus facilement dans ces croisées de chemins : la méthode N.E.W.S.

## 1. Les différentes croisées des chemins

L'environnement a radicalement changé durant ces dernières décennies. En une génération, nous sommes passés d'un monde qui valorisait une vie « stable » à un univers où prédominent des besoins de mobilité et de liberté de choix. Il y a encore une ou deux générations, nos grands-parents et parents pouvaient (et souhaitaient) travailler dans la même entreprise toute leur vie. La plupart d'entre eux vivaient dans leur région natale. Il était socialement inacceptable de changer de travail sans raison de force majeure, ou bien de vouloir passer, en milieu de carrière, d'une profession de comptable à celle d'artiste, par exemple.

Vous avez tous reçu de vos parents ou de personnes plus âgées que vous des messages tels que : « Cherche un travail qui t'offre de la sécurité », « Fais ce que ta famille a toujours fait », « Ne cherche pas à remettre en cause ton niveau social »... Vous vivez maintenant dans un monde où la possibilité est plus grande de choisir ce que vous voulez étudier, quelle carrière vous souhaitez poursuivre, où vous envisagez de vivre et avec qui.

Ces changements profonds s'expliquent de plusieurs manières :

– l'espérance de vie a augmenté, permettant aux gens d'avoir deux ou trois cycles de vie au lieu d'un seul ;
– la liberté de choix est devenue un phénomène social banalisé et progresse encore avec l'évolution de la société ;
– la mobilité professionnelle s'est accrue.

**À retenir**

Cette liberté de choix et de mobilité crée de nombreux carrefours dans votre parcours tout au long de votre vie. Une croisée des chemins (ou « carrefour ») est une situation dans laquelle vous devez choisir entre différentes options telles que « Vers où aller ? » et « Comment faire ? ». À chaque carrefour, vous devez à nouveau faire des choix.

## 1.1 Le nouveau contexte : vous vivez plus de croisées des chemins que par le passé

La navigation dans votre vie en est devenue plus compliquée. Or, vous n'êtes pas nécessairement préparé à cela.

> Paul a travaillé pendant des années comme ingénieur dans une grande entreprise du secteur hi-tech en tant que chef de projet, avant d'être licencié. Il a essayé de trouver un travail similaire dans d'autres sociétés, mais sans succès. Il se demande maintenant ce qu'il doit faire.
> Longtemps, Josée a eu une vie partagée entre un mariage heureux et un métier de commerciale en cosmétique. L'année dernière, elle s'est séparée de son mari, une démarche difficile et épuisante. Récemment, elle en a eu assez de courir les routes pour essayer de placer ses produits. Elle envisage de changer à la fois de travail et de style de vie, et aspire à un mode de vie plus calme. Elle ne sait pas par où commencer ni quoi faire.

> Ces deux personnes se trouvent à des moments critiques de leur vie. Tout choix qu'elles feront risque d'impacter durablement le reste de leur existence.

De multiples raisons expliquent l'augmentation du nombre de carrefours dans votre vie :

◆ **Au niveau personnel et familial :**
– dans les couples, un double revenu, aujourd'hui, facilite les changements tant personnels que professionnels ;
– les jeunes générations ont une meilleure éducation (scolaire et universitaire) et sont plus polyvalentes ;
– de nouvelles formes d'emploi (par exemple, le travail à temps partiel, à distance…) ouvrent le champ à des options d'équilibre entre vie privée et vie professionnelle ;
– l'individualisation croissante de la société vous rend plus libre d'exprimer vos souhaits et vos désirs. Vous vous donnez la permission de les réaliser ;
– de plus en plus de personnes classent comme une priorité le fait de se réaliser dans leur vie ;
– …

◆ **Au niveau social :**
– votre entourage comprend mieux le fait de vouloir changer ;
– vous en avez de plus en plus d'exemples autour de vous ;
– des aides sont disponibles pour que vous trouviez de nouvelles voies (par exemple, le bilan de compétences) ;
– de nouvelles possibilités apparaissent régulièrement ;
– …

◆ **Au niveau professionnel :**
– les entreprises recherchent de nouveaux talents pour de nouveaux métiers qui nécessitent une plus grande polyvalence et un bagage multiculturel ;
– il n'y a plus de garantie de travail assuré. Le contrat psychologique entre l'entreprise et le salarié d'une place « pour la vie » a été cassé (même si vous êtes encore dans cette situation, vous n'êtes pas assuré de le faire toujours de la même manière ou au même endroit) ;
– le travail évolue : votre métier peut profondément changer ou être délocalisé ;
– dans certaines professions, les collaborateurs sont encouragés à travailler de chez eux ou à temps partiel ;
– …

**À retenir**

Dans le futur proche, les croisées des chemins se feront de plus en plus fréquentes et votre temps de réflexion va se réduire.

### 1.2 Avantages et inconvénients de cette situation : l'âge de la confusion

Vous pouvez ressentir cette liberté de choix comme un grand avantage. Il peut vous paraître positif de savoir que vous pouvez influer sur votre carrière ou votre style de vie.

Toutefois, vous pouvez parfois avoir le sentiment que votre dernier choix n'a pas été le bon ou qu'il vous a conduit à une ou des situations où vous ne souhaitiez pas forcément arriver. À d'autres moments, vous pouvez vous sentir fatigué et usé de jouer un rôle ou de tenir une fonction et penser qu'il est temps de changer : vous n'avez plus envie de poursuivre ce que vous faites parce que vous croyez que ce n'est plus adapté pour vous.

Vous pouvez aussi en voir les aspects négatifs ; un choix sans limites peut conduire à la confusion :

- Comment choisir ses études ? Plus de 80 % des étudiants français ne savent pas quelle profession ils exerceront avec les matières dans lesquelles ils se sont spécialisés.
- Comment définir son style de vie ? 79 % des Français aimeraient en changer[1].
- Comment réfléchir à sa carrière ? 49 % des cadres sont tentés par l'idée de devenir entrepreneur[2] plutôt que collaborateur dans une entreprise.

Listez ci-dessous quelques-uns des choix clés que vous avez faits durant votre existence (carrière, famille, logement, style de vie…) :

| Mes choix clés | Suis-je content de ma décision ? | Ai-je souhaité, à un moment, en changer ? | Quel résultat en attendais-je ? | Comment choisirais-je si je pouvais recommencer ? |
|---|---|---|---|---|
| | | | | |
| | | | | |

1. Sondage Opinion Way pour *Le Figaro*, 2009.
2. Sondage Opinion Way, 2008.

**À retenir**

Un trop grand nombre de choix possibles peut conduire à la confusion et aboutir facilement à des décisions insatisfaisantes.

## 1.3 Les croisées des chemins qui s'imposent à vous

Souvent, vous n'avez pas le choix. Vous arrivez à un carrefour sans le vouloir et même parfois sans y être préparé :

– vous perdez plus ou moins brutalement votre emploi ;
– vous n'avez plus de possibilités d'évolution dans votre travail ou votre carrière ;
– l'environnement s'oppose à vos valeurs, vos compétences passées… (nouveaux horaires, nouvelles façons de travailler, par exemple) ;
– votre environnement personnel vous force à agir (par exemple, vous devez déménager pour des raisons familiales, la maladie vous oblige à changer de travail ou de mode de vie, votre conjoint veut vous quitter, le quartier où vous habitez devient invivable…) ;
– …

◗ ***Autodiagnostic***
***Avez-vous déjà dû faire face à un carrefour imposé ?***

| | |
|---|---|
| **Quelle(s) situation(s) similaire(s) ai-je déjà vécue(s) ?** | |
| **Comment me suis-je senti ?** | |
| **Qu'ai-je fait ?** | |
| **Combien de temps cela m'a-t-il pris pour surmonter cette épreuve ?** | |

Le fait de vivre un carrefour imposé peut vous laisser frustré, blessé, voire « paralysé », ne sachant ni quoi faire ni par quoi commencer. Le chemin devant vous semble incertain et terrifiant. Vous pouvez mettre du temps à surmonter et dépasser cette période. Il arrive même que certaines personnes ne s'y fassent pas et en souffrent tout le reste de leur vie.

### À retenir

Dans un carrefour imposé, le contrôle de la situation se trouve à l'extérieur de vous. Si vous n'en reprenez pas le contrôle, vous en subirez plus durement les conséquences.

## 1.4 Les carrefours choisis ou voulus

Parfois, c'est vous qui choisissez volontairement de vivre un croisement des chemins et de modifier votre parcours. Il s'agit de situations différentes des précédentes :

– une bonne opportunité se présente à vous ;
– vous avez envie de nouer de nouvelles relations ;
– vous voulez vivre une expérience plus en ligne avec vos valeurs ;
– vous décidez de changer d'employeur ;
– vous voulez déménager ;
– vous pensez que votre travail ne vous correspond plus : vous estimez avoir des responsabilités inadéquates par rapport à vos possibilités, être sous-évalué…

***Autodiagnostic***
***Vous trouvez-vous face à un carrefour choisi ?***

| | |
|---|---|
| **Suis-je actuellement à un tel carrefour ?** | |
| **Comment choisir ce que je dois faire ?** | |
| **Quels seront mes critères de choix ?** | |
| **Quel peut en être le prix à payer ?** | |

Toutes ces situations dépendent de vous. Habituellement, de telles décisions ne se prennent pas d'un claquement de doigt, elles demandent à mûrir et à être affinées. C'est en partie avec ces choix voulus à de tels carrefours que vous avez bâti votre vie. Chacun de vos choix a modifié votre existence et a eu de multiples conséquences. C'est pourquoi savoir faire de tels choix lors des moments clés de manière réfléchie et engagée est important.

**À retenir**

Le projet que vous conduisez est le plus important que vous ne conduirez jamais : il s'agit de votre vie. Lors d'un choix volontaire, c'est vous qui avez le contrôle de la situation. « Comment » et « Pourquoi » vous prendrez vos décisions sont donc clés pour la suite de votre voyage.

## 2. Comment avez-vous l'habitude d'aborder vos carrefours ?

Ce n'est sûrement pas la première fois que vous avez le sentiment de vous trouver à une croisée des chemins. Vous avez déjà connu d'autres moments similaires, qu'ils aient été de nature personnelle, familiale, sociale ou professionnelle. Certaines situations vous ont été imposées, quand d'autres étaient liées à votre libre choix. Avant d'entrer dans l'analyse de la situation présente, prenez conscience des styles de situation qui sont pour vous des croisées de chemins importantes, observez votre mode d'analyse et de réaction lors de tels moments et ce que vous en avez retenu.

### 2.1 À quelles croisées des chemins avez-vous été confronté dans le passé ?

Repartez des situations listées ci-dessus et complétez-les éventuellement. Laissez votre intuition vous guider. Prenez en compte le fait qu'une situation peut être pour vous une importante croisée des chemins et pour quelqu'un d'autre (votre conjoint, un(e) ami(e), un(e) collègue, etc.) la continuité d'une situation passée.

> Un mariage peut être vécu comme la fin d'une longue période d'indécision par des célibataires, ou comme une opération de régularisation administrative pour un couple vivant déjà en ménage depuis plusieurs années.

De même, ne vous arrêtez pas au fait qu'une situation a une connotation positive ou négative. Cela peut être les deux.

> Sophie a raté une promotion. Toutefois, cet échec lui a permis de comprendre certains manques qu'elle avait en termes de compétences. Elle réalise, après coup, qu'elle aurait eu des difficultés à assurer son nouveau rôle.

| Quelles situations vécues puis-je considérer comme des croisées des chemins ? | Entre quels chemins avais-je le choix ? | Quel a été mon mode de décision (seul ou en groupe, en étant actif ou en laissant faire le temps…) ? | Résultat (avec le recul) |
|---|---|---|---|
| | | | |
| | | | |
| | | | |

Posez-vous ensuite les questions suivantes :
– quels étaient les enjeux (matériel, financier, humain, psychologique…) ? Certains enjeux étaient-ils prépondérants ?
– quel était le contexte à l'époque (situation prévue ou non, unique ou récurrente) ?
– vos critères de décision sont-ils plutôt de nature rationnelle (résultat, chiffres…) ou émotionnelle (l'image que vous en retirez, l'impact sur d'autres actions…) ?
– quelle est l'importance accordée à la nature de l'impact et aux répercussions possibles de vos décisions ?
– quels sont les acteurs impliqués dans ou par ces décisions ?

Jérôme, en remplissant ce tableau, s'aperçoit que ce sont plutôt les situations où il a fait des choix volontaires (mariage, achat d'un logement, changement volontaire d'emploi) qu'il perçoit comme des croisées des chemins. Il est honnête avec lui-même en reconnaissant qu'il a du mal à se décider et se laisse un peu porter par les événements ou les personnes qui y participent. Même s'il est globalement satisfait après coup des décisions prises, il prend conscience qu'il peut être parfois manipulé.

**À retenir**

L'analyse du passé vous apprend beaucoup sur vous et votre mode de décision.

## 2.2 Qu'avez-vous appris du passé ?

Votre mode de décision lors des croisées des chemins a, bien sûr, évolué dans le temps. Vous avez mûri, acquis de l'expérience et développé votre vision de l'avenir. Le passage à l'âge adulte n'est pas seulement une question d'âge légal !

Il est lié aux expériences vécues tant au niveau personnel (devoir travailler tôt pour subvenir ou contribuer aux besoins de sa famille, vivre un temps à l'étranger…), que familial (se marier ou vivre conjugalement plus ou moins jeune…), social (les expériences vécues avec des amis, des associations…) ou professionnel (un travail ou un environnement plus ou moins difficile…).

Vous n'en sortez pas intact. Dans certains domaines, vous vous sentez progresser, vous vous autonomisez, vous vous rapprochez d'autres personnes vivant (ou ayant vécu) la même situation et vous vous affirmez. Dans d'autres cas, vous pouvez avoir tendance à vouloir vous replier, à ne plus prendre de risques et à suivre le mouvement.

Finalement, vous évoluez et votre approche de la situation présente est la résultante tant de votre personnalité que de vos expériences. Les attitudes et comportements relèvent de différents niveaux :

– un plan « émotionnel » tout d'abord : vous pouvez vous « endurcir » ou, au contraire, devenir plus sensible à certaines situations ;

> Amélie a appris, au cours de ses premières expériences professionnelles, à se forger une « carapace ». L'ambiance dans les entreprises est souvent une « jungle policée » où, derrière les sourires de façade, la compétition est forte.

– un plan « valeur », ensuite. Le regard que vous portez sur le monde qui vous entoure peut avoir changé ;

> Marc, suite à un accident de la route où il a failli mourir, a pris ses distances avec une vie de fêtes et de sensations fortes. Il est devenu plus prudent, plus sensible à ses limites et apprécie la vie au jour le jour d'une manière différente.

– un plan « rapport aux autres » enfin. Hors du petit cercle familial, vous réalisez que vous êtes de plus en plus interdépendant des uns et des autres (que ce soit dans votre vie sociale ou en entreprise).

> Susanna était une fille sérieuse et timide. Son métier de chef de projet l'a obligée à s'ouvrir aux autres, à les accepter comme ils sont, mais aussi à apprendre à s'affirmer.

Cela vous conduit à vous poser la question de votre mode de décision actuel.

**À retenir**

> Ce que vous êtes est, en partie, le résultat de ces différentes expériences. C'est pour cela qu'il est intéressant de consacrer un peu de temps à les analyser.

### 2.3 Quel est votre mode de décision préféré ?

Il s'agit ici, bien entendu, de votre mode de décision lors de croisées des chemins.

Il s'agit dans un premier temps d'identifier s'il est plutôt cartésien ou intuitif :

– le cartésien prend sa décision en collectant les faits ; il les analyse et en déduit sa décision ;

– l'intuitif prend sa décision selon sa perception de la situation, puis il y intègre à la fois les faits et son ressenti.

Puis, demandez-vous si vous préférez prendre des décisions en solo, en groupe ou bien vous laisser porter par les événements :

– la décision **en solo** a l'avantage d'être claire (pour vous), rapide et applicable de suite. Elle a aussi les inconvénients d'être subjective (risque d'oubli de certains éléments) et de ne pas bien prendre en compte son impact sur les autres ;

– la décision **en groupe** a l'avantage de favoriser la prise en compte de plus d'éléments et de leurs impacts sur les autres. Elle peut être laborieuse à prendre et répondre davantage aux besoins du groupe qu'aux vôtres ;

– la **non-prise de décision** est le fait de ne pas décider, de s'en remettre aux autres (ou au temps) ou de faire comme tout le monde. Elle est utile dans 20 à 25 % des cas : lorsque vous n'avez pas assez de recul, ou que le thème est hors de vos compétences, par exemple. Elle a l'inconvénient de ne convenir qu'à un nombre minime de situations.

#### *Les biais qui altèrent nos décisions*

Distinguez les mécanismes individuels qui altèrent votre représentation de la situation de ceux, collectifs, dans lesquels l'influence du groupe est importante :

– parmi les mécanismes individuels, l'habitude, l'entêtement ou le désir de plaire peuvent jouer un rôle non négligeable ;

– au niveau collectif, le positionnement social d'un des membres du groupe (un parent respecté, un responsable hiérarchique...) ou le besoin du respect des normes et des règles ont un impact sur la décision finale ;
– enfin, un certain nombre de facteurs personnels influencent votre mode de décision : ils sont liés à votre personnalité, à votre histoire et à l'environnement dans lequel vous vivez (par exemple, le degré de confiance que vous sentez autour de vous).

| **Quelle importance j'accorde à...** | **Je les classe du 1er au 10e rang** | **Pourquoi ?** |
|---|---|---|
| La rapidité de la prise de décision | | |
| Le recueil des éléments | | |
| La fiabilité des données | | |
| L'analyse des options possibles | | |
| L'implication des autres acteurs | | |
| Les risques associés | | |
| Les gains à terme | | |
| Le respect des normes | | |
| La facilité de mise en œuvre | | |
| L'impact sur les personnes concernées autour de moi | | |

### *À chacun son mode de décision*

Liza et Élodie viennent de terminer leurs études de vétérinaire. Elles ont le choix entre s'installer en tant que profession libérale ou travailler chez les autres (dans un cabinet de vétérinaires ou dans une entreprise). Liza souhaite d'abord travailler chez les autres, apprendre le métier de vétérinaire en cabinet, collecter des informations et décider ultérieurement si elle s'installe ou non.
Élodie, qui a choisi ce métier pour être autonome, ne veut pas attendre. Elle va chercher une association dans un cabinet existant et en accepte les risques, malgré les conseils de ses parents qui lui indiquent quelles charges elle devra assumer dès le départ.

**À retenir**

Prendre conscience de son mode de décision permet de l'élargir en utilisant d'autres approches.

## 3. Votre croisée des chemins actuelle

Vous avez maintenant une meilleure idée de l'impact des précédentes croisées des chemins et de votre mode de décision actuel en de telles circonstances. Vous pouvez analyser la situation présente avec une approche différente.

### 3.1 Quelle croisée des chemins vivez-vous ?

Comme vous l'avez constaté, un événement ou une situation particulière peuvent être un moment important pour vous et non pour d'autres. Il n'y a donc pas de vraie ou de fausse croisée des chemins si ce n'est selon votre regard.

Le cadre de référence dans lequel se produit cette croisée des chemins a également un impact sur l'importance que vous y attachez.

> Samantha vient de perdre son emploi. Avec des enfants adolescents et autonomes et un conjoint qui gagne bien sa vie, elle pense que c'est le moment pour elle de se lancer dans une nouvelle vie qui lui permettra d'exprimer son goût pour un métier en indépendant. Les conditions sont favorables. Cela n'aurait pas été le cas il y a quelques années quand les enfants étaient encore petits, demandaient de l'attention et que son mari débutait tout juste dans de nouvelles fonctions.

Pour réussir dans votre démarche, vous devez être clair avec vous-même, non seulement sur le but que vous vous fixez, mais aussi sur votre motivation et l'énergie que vous voulez y investir. Le questionnaire ci-après vous y aidera.

**▸ *Autodiagnostic***
***Votre regard sur la croisée des chemins***

| | |
|---|---|
| **Quelle est ma croisée des chemins actuelle ?** | |
| **Que voudrais-je obtenir à la sortie de cette croisée des chemins ?** | |

.../...

| | |
|---|---|
| **Qu'est-ce qui pourrait m'empêcher de continuer dans cette direction ?** | |
| **Comment pourrais-je savoir que j'ai réussi ?** | |
| **Quel prix suis-je prêt à payer pour y arriver ?** | |
| **Quelle serait ma vie si je ne réalisais pas mon rêve ?** | |

Pourquoi exprimer ses attentes en termes de résultats ? Vous savez facilement exprimer ce qui vous dérange. Toutefois, cela ne suffit guère pour répondre à votre besoin. Pour cela, vous devez avoir une vue claire de ce que vous souhaitez obtenir comme résultat.

> Marc, Antoine et Frédéric sont insatisfaits de leur situation professionnelle. Ils ont bâti ensemble, sur leurs heures de loisirs, un logiciel professionnel qu'ils espèrent vendre à des entreprises. Ils y croient dur comme fer. Toutefois, ils divergent sur le moyen d'y parvenir : Marc souhaiterait vendre la licence à une entreprise existante et recevoir des royalties, Antoine créer une entreprise et commercialiser le logiciel, alors que Frédéric rêve plutôt de monter un partenariat avec un fonds d'investissement pour avoir une sécurité. Il est clair que ni leurs objectifs, ni leurs motivations ne sont les mêmes. Il est donc nécessaire que, dès le départ, ils ajustent leur regard et le prix que chacun est prêt à payer (que ce soit en termes de finances, de vie de famille, etc.) pour y arriver.

### À retenir

Prenez le temps d'être à l'écoute de votre ressenti sur la croisée des chemins actuelle. Cela a un impact sur votre état d'esprit. Vous n'avez peut-être pas à date toutes les informations. Vous aurez l'occasion de modifier vos réponses plus tard.

## 3.2 Comment la situation présente se situe-t-elle par rapport aux précédentes ?

Comment qualifiez-vous cette situation ? Est-ce une nouvelle situation (que ce soit la situation elle-même ou le contexte dans lequel vous la vivez) ou une croisée des chemins déjà rencontrée par le passé ?

Pour une expérience déjà vécue dans le passé, intéressez-vous à la fois aux leçons que vous avez pu en tirer (que feriez-vous plus vite et mieux ? Que ne referiez-vous pas ? Qu'est-ce qui a changé ? Sur quoi devriez-vous focaliser votre attention ?) et aux aspects nouveaux de la situation qui en modifient le contexte.

> Vous déménagez. Ce n'est pas la première fois, ni peut-être la dernière. Au fil du temps, vous avez appris, parfois à vos dépens, à anticiper, à étiqueter les cartons, à prévenir les organismes sociaux et financiers du changement d'adresse… Il y aura, à chaque fois de nouvelles situations imprévues, mais vous vous y attendez.

Si vous vivez une nouvelle situation, posez-vous les questions suivantes :

– en quoi est-elle vraiment nouvelle ?
– y a-t-il des aspects proches des situations passées ?
– quelles sont les dimensions que vous percevez comme positives ?
– quels sont les risques perçus ?
– quels sont les impacts pour vous ou pour les autres si vous faites un mauvais choix ?
– …

> Le travail de Sonia la conduit à changer de pays. C'est une expérience nouvelle pour elle et sa famille, dont elle a toujours été très proche, mais elle pense aussi que c'est une occasion pour elle de développer un autre mode de vie, ce qu'elle a toujours rêvé de faire. Ce n'est pas la première fois qu'elle change d'entreprise ou de fonction, mais, cette fois, le changement est plus important, à la fois sur les plans personnel et professionnel.

**À retenir**

Une situation s'analyse souvent à partir d'expériences passées. Cherchez à élargir votre réflexion.

### 3.3 Assurez-vous que vous êtes à une croisée des chemins

Une fois votre croisée des chemins actuelle analysée, prenez un peu de recul. La situation que vous vivez, le besoin que vous éprouvez de changer ou l'obligation que vous sentez peser sur vos épaules sont-ils objectivement importants ou est-ce un effet de miroir déformant ?

Ainsi, dans le passé, quelles sont les raisons qui vous ont conduit à changer de cercles d'amis, de relations sociales, d'emploi, de métier ?

Certaines personnes sont de nature impulsive, aiment la variété et sont attirées par de nouveaux horizons. D'autres n'aiment pas les difficultés relationnelles : elles changent de relations ou de travail dès qu'elles en rencontrent…

Vous pouvez aussi être dans une mauvaise passe : fatigué, déprimé, avec des problèmes personnels. Cela peut vous inciter à voir la vie en noir. Ou bien vous êtes en pleine forme, euphorique et vous avez le sentiment que tout vous sourit.

Il existe en marketing la loi dite de la « fièvre médiatique » : la véritable portée d'un événement est inversement proportionnelle à ce qu'en disent les médias[3]. Il en est de même dans votre vie : cherchez du côté des petits événements ceux qui ont fortement marqué votre parcours.

**À retenir**

Dans tous les cas, posez-vous la question de savoir s'il s'agit d'une vraie croisée des chemins ou d'un simple coup de déprime (ou d'euphorie).

### 3.4 Comment vivez-vous une croisée des chemins ?

Lorsque vous prenez du recul par rapport à des situations qui ont été pour vous des croisées des chemins, estimez-vous que vous avez été plutôt fataliste ou proactif ?

Vous êtes, selon les situations, plutôt l'un ou plutôt l'autre. Vous pouvez vivre des situations que vous subissez (un plan social dans votre entreprise, le feu dans votre immeuble pour une cause indépendante de votre volonté), tout en faisant preuve de proactivité pour certaines actions (vous jouez un rôle actif pour aider les autres, vous lancez des initiatives…). De même, dans des situations voulues (un changement d'entreprise volontaire, par exemple), vous pouvez être tenté d'accepter plus ou moins facilement les conditions qui vous sont proposées.

3. Al Ries, Jack Trout, *Les 22 lois du marketing*, Dunod, 2003.

### *Autodiagnostic*
### *Êtes-vous plutôt fataliste ou proactif ?*

Choisissez pour chaque paire d'affirmations, celle qui correspond le mieux à votre point de vue.

| | A | B | |
|---|---|---|---|
| Selon moi, il y a un rapport entre mon travail et mes résultats. | | | L'environnement est plutôt imprévisible. |
| Lorsque je suis convaincu d'une idée, je continue d'affirmer mon opinion. | | | Dans une divergence d'opinion, ce qui est important, c'est l'harmonie, je me range à la majorité. |
| Dans notre société, la réussite future dépend des capacités de chacun. | | | Pour avoir de l'avancement, il suffit d'avoir un peu plus de chance que les autres. |
| J'ai le choix de décider de ma vie, en changeant ma façon de penser. | | | On ne peut pas changer la face du monde, nous sommes conditionnés par les circonstances extérieures. |
| Je déteste les situations bloquées, je pense qu'il y a toujours une issue. | | | Dans bien des situations, je n'ai pas le choix. |

Comptez un point pour chaque réponse A, zéro point pour chaque réponse B.

Où vous situez-vous ?

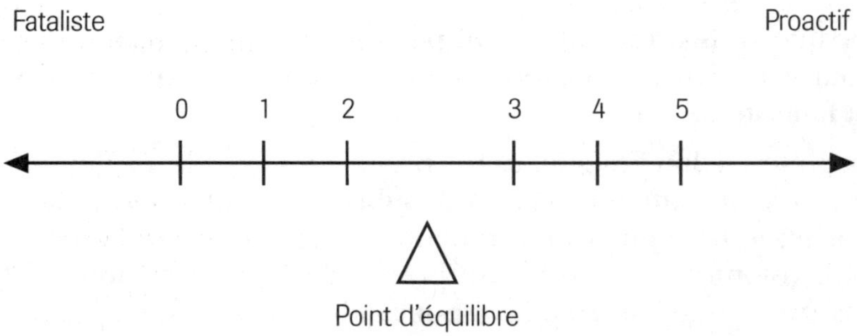


Dans la situation présente, quelles sont les parts respectives de la proactivité et du fatalisme ?

| | |
|---|---|
| **Ce sur quoi je peux être proactif** | |
| **Ce sur quoi je n'ai pas la main (et que je dois « subir »)** | |
| **Que faudrait-il pour développer ma proactivité ?<br>Est-ce que cela dépend de moi ? Des autres ?** | |

À retenir

Plus vous êtes proactif et plus vous avez un sentiment de contrôle sur votre vie, confiance en vous et une haute estime de vous.
À l'opposé, plus quelqu'un est fataliste et plus il se met en situation de « subir », moins il a confiance en lui et plus il ressent de la frustration.

## 4. Tirez parti de vos atouts

À ce stade, vous pouvez penser avoir des atouts pour réussir, mais aussi des points à améliorer. La tentation est grande de conserver vos habitudes de fonctionnement. Est-ce vraiment le meilleur choix ?

### 4.1 L'illusion du travail sur les faiblesses

Votre culture, tant familiale que professionnelle, peut vous avoir appris à commencer par travailler vos points faibles. La majorité des parents et des enseignants focalisent traditionnellement leurs efforts sur les mauvaises notes. « Les bonnes notes, c'est normal », disent-ils en chœur. Ce schéma se reproduit de génération en génération.

Il en est de même au niveau professionnel. Les programmes de formation sont orientés sur les points à améliorer. Ainsi, dans de nombreuses entreprises, les cours de langues sont réservés à ceux qui ont un niveau insuffisant. Tant pis pour ceux qui souhaitent aller au-delà, que ce soit par goût ou par nécessité.

> Melinda est télé-conseillère pour un groupe français de services. Elle connaît bien son métier et a du plaisir à renseigner et conseiller les clients. Cela lui prend parfois 10 minutes, voire plus. Malheureusement, la politique de l'entreprise distingue les entretiens de niveau 1 (premier contact avec le client) et ceux de niveau 2 (niveau plus technique, si le niveau 1 ne peut répondre aux besoins du client). Or, au niveau 1, la durée des appels ne doit pas dépasser 4 minutes en moyenne. Melinda, incapable d'atteindre cet objectif n'est pas estimée suffisamment qualifiée au niveau 1 pour postuler au niveau 2. Ses points faibles entravent ses points forts.

### À retenir

Imaginez un coureur de 100 mètres à qui on demanderait de faire un marathon pour progresser, au lieu de le faire se concentrer sur un entraînement approprié aux courtes distances. Cela aboutirait non seulement à disperser son énergie sur d'autres buts, mais aussi à le mettre en situation d'échec.

## 4.2 La montée de la prise en compte des atouts

Depuis quelques années, néanmoins, différents universitaires et entreprises ont fait campagne pour faire marche arrière. Ils estiment que si cette course à l'amélioration des points faibles se justifiait dans l'environnement normé et cadré des entreprises des années 1950 (où les postes de travail pouvaient être définis d'une manière précise et étaient stables), elle n'est plus d'actualité dans notre univers actuel : le travail en mode projet, par la nécessité du travail en « équipe », permet de mieux de compenser les points faibles et, au final, de faire ressortir les atouts de chacun.

Cela se traduit aussi au niveau de l'éducation. La multiplication des filières donne la possibilité à chacun de pouvoir espérer prospérer sur ses atouts et pas seulement au travers d'une norme homogène pour tous. Ainsi les universités de médecine sortent-elles progressivement de la sélection unique par les mathématiques pour offrir des concours diversifiés (options physique ou biologie). De même, le développement des centres d'orientation au niveau de l'enseignement secondaire a favorisé les bilans de compétences des jeunes élèves.

Enfin, au niveau social, vous trouvez ce même phénomène avec l'explosion des sites, blogs et réseaux sociaux où chacun se sent libre d'exprimer sa créativité, ses atouts.

### Pour aller plus loin

Des enquêtes de l'institut Gallup (institut de sondages américain[a]) établissent les faits suivants : sur 10 millions de personnes interrogées, 7 millions ne travaillent pas dans un secteur ou un domaine qui leur permet d'utiliser au mieux leurs forces. Il est alors probable que ces personnes n'aiment pas aller travailler, qu'elles ont plus d'interactions négatives que positives avec leurs collègues, traitent mal leurs clients et ont moins de moments positifs et créatifs hors de leur travail.

a. Tom Rath, *Strenghts Finder 2.0*, Gallup Press, 2007.

**À retenir**

Pensez à votre entourage (amis, collègues...) : les données de Gallup (70 % des salariés n'ont pas le sentiment d'utiliser au mieux leurs capacités) s'appliquent-elles ?

### 4.3 Qu'est-ce qu'un atout ?

Points forts, atouts... qu'est-ce que cela signifie ? S'agit-il de ce que vous *aimez* bien faire ? Ou bien de ce que vous *savez* bien faire ?

– un atout (ou point fort) n'est pas nécessairement ce que vous avez appris (à l'université ou en entreprise) ;

– ce n'est pas forcément ce que les gens disent de vous (« il est bon en ceci, en cela... ») ;

– cela peut être différent de vos compétences actuelles (professionnelles ou non).

Alors, comment définir un atout ? C'est ce qui vous donne un sentiment fort et positif de vous-même et qui fait la différence avec vos pairs. C'est quelque chose que vous aimez faire, qui n'est pas seulement profitable (en termes matériels ou financiers), mais vous donne une grande satisfaction personnelle.

**À retenir**

Ne soyez pas obnubilé par vos points faibles.

Passez plus de temps à découvrir et à exprimer vos atouts (vous trouverez des pistes dans les pages suivantes).

Acceptez de ne pas être le meilleur partout : vous n'avez pas besoin de l'être.

Comment le(s) trouver ? En s'appuyant sur la méthode N.E.W.S.

## 5. Soyez le stratège de votre devenir avec la méthode N.E.W.S.

La méthode N.E.W.S. est un modèle original et innovant d'auto-navigation. Elle tire son nom de l'acronyme constitué des premières lettres (en anglais) des quatre points cardinaux : *North* (Nord), *East* (Est), *West* (Ouest), *South* (Sud), soit N.E.W.S. De quoi s'agit-il ? Quels sont ses avantages ? Qu'est-ce qui la distingue des autres méthodes ?

### 5.1 Qu'est-ce que la méthode N.E.W.S. ?

La méthode N.E.W.S. s'appuie sur le postulat suivant : vous êtes responsable de vos choix et c'est avec eux que vous tracez votre chemin et votre vie. Dans votre vie d'adulte, vous naviguez d'un carrefour clé à un autre.

Structuré autour de la métaphore de la boussole – qu'il met entre vos mains –, le modèle est destiné à vous assister dans vos choix, dans les moments clés de votre vie. Les quatre points cardinaux sont assimilés à quatre niveaux de réflexion qui doivent être pris en compte à chaque moment clé, dans votre vie personnelle, interpersonnelle ou professionnelle.

À chaque niveau de réflexion correspond une question :
- Nord : vers où ?
- Est : pourquoi ?
- Ouest : comment ?
- Sud : pourquoi je n'y arrive pas ?

Derrière ces quatre questions d'apparence simpliste se trouvent des concepts et des outils créés et développés au fil du temps.

Durant la navigation dans votre vie, vous êtes parfois bloqué. Cela peut être dû à des circonstances volontaires ou non.

- Être bloqué dans le « NORD » est associé à une situation dans laquelle vous n'êtes pas sûr ou vous ne savez pas ce que vous devez faire. Vous n'avez pas une vision claire de votre futur ou de la direction à suivre. Les symptômes apparents sont la confusion mentale, l'indécision, des conflits intérieurs…
- Se sentir bloqué dans l'« EST » évoque une situation dans laquelle vous avez une direction et une vision pour votre futur, mais vous avez perdu le « pourquoi » vous voulez y aller. Vous n'êtes pas motivé. Vous n'éprouvez pas de « bien-être » à bouger dans cette direction. Les symptômes associés à ce type de blocage sont la fatigue, voire l'épuisement.

– Être bloqué dans l'« OUEST » signifie que vous savez où aller, mais pas comment y arriver. Vous avez du mal à planifier votre démarche ou la mettre en œuvre. Il vous semble que vous manquez de compétences, de ressources… Cela se traduit dans vos comportements par un manque d'efficacité dans la réalisation de vos projets.
– Être bloqué dans le « SUD » correspond à un moment où vous savez ce que vous voulez, mais des inhibitions, des incertitudes, des préjugés, des croyances limitantes à propos de vous-même et de ce qui peut être fait vous empêchent d'aller plus loin. Vous ressentez de la peur, hésitez et avez tendance à procrastiner.

### À retenir

Afin de traverser avec succès n'importe quel carrefour clé, vous avez besoin d'examiner ces quatre dimensions : « Vers où ? » « Pourquoi ? » « Comment ? » et de surmonter le « Pourquoi je n'y arrive pas ? ».
Pour vous aider à naviguer avec la boussole N.E.W.S., le modèle met à votre disposition une série d'outils méthodologiques simples et efficaces que vous utiliserez selon vos besoins pour vous aider :
– au « NORD », à choisir la direction qui vous convient, créer une vision et définir une stratégie, construire un « modèle pratique » et vous donner des objectifs ;
– à l'« EST », à vous reconnecter avec vos sources de motivation, définir vos valeurs, découvrir votre « petite voix intérieure » et faire vos choix en accord avec celle-ci ;
– à l'« OUEST », à planifier et à mettre en œuvre avec succès ce à quoi vous voulez arriver ;
– enfin, au « SUD », à identifier vos freins et la manière de les surmonter.

## 5.2 Ses sept avantages pour vous

Le modèle N.E.W.S. bénéficie d'une expérience et d'un savoir-faire qui vous procurent sept avantages :

1) Il vous fait bénéficier d'un enrichissement permanent lié à l'expérience acquise durant ses sept années d'utilisation au sein de centaines d'organisations et au travers de la formation de centaines de coachs dans le monde, ainsi qu'à son utilisation en tant qu'outil de navigation personnel pour et par des milliers de personnes, qu'elles soient managers, cadres, collaborateurs, artistes, designers, officiers de carrière, psychologues ou psychiatres. Il est utilisé par un grand nombre de multinationales pour assister les collaborateurs dans le développement de leur carrière.

2) N.E.W.S. est un modèle holistique : il prend en compte la personne dans son ensemble. Il ne se contente pas de lui demander ce qu'elle veut à l'instant présent, ce qui peut parfois être associé à une passion éphémère. Il contribue à identifier ce qui est spécifique à la personne, quel peut être son chemin pour atteindre l'excellence qu'elle porte en elle, en harmonie avec ses valeurs profondes. Il prend en compte l'intelligence de la personne, sa dimension émotionnelle, sa psychologie et son esprit pratique.

3) Le modèle N.E.W.S. est systémique : il replace la personne dans un système global, incluant la famille, les liens sociaux professionnels et prévoit les effets systémiques de chaque décision ou choix.

4) Il est universel, adaptable et multi-utilisation. Il peut être employé à des carrefours personnels tout comme à des carrefours de carrière ou de choix au sein de l'entreprise ou à des carrefours relationnels, volontaires ou non. Son langage est universel et s'applique aux différentes situations décrites ci-dessus.

5) Il est facile à intégrer et à utiliser, et est structuré de telle sorte qu'il permet à une personne d'organiser et de hiérarchiser ses pensées d'une manière globale plutôt que d'avoir une série de pensées et de préoccupations éparpillées.

6) Il est orienté « résultats » et fait « grandir » la personne : il se centre sur des résultats tangibles et lui permet de progresser et de se développer durant le processus.

7) Enfin, son dernier avantage est de vous redonner la responsabilité de votre vie et de vos décisions. De cette manière, vous pouvez bâtir votre vie par des choix réfléchis en amont.

**À retenir**

Sachez devenir un créateur plutôt qu'une victime de circonstances variées.

## 5.3 Apports et limites des méthodes classiques par rapport à la méthode N.E.W.S.

Il existe bien sûr d'autres outils et modèles qui permettent à une personne d'identifier où elle se trouve sur son chemin et de l'aider à avancer et à progresser. En voici quelques-uns (liste non exhaustive) :

– le MBTI (ainsi que toutes les typologies comportementales en général) et les méthodes de bilan de compétences sont de bons

outils pour identifier les compétences et la personnalité de quelqu'un. Ils vous donnent un bon point de départ. Vous vous en servirez au chapitre 2 pour vous aider à mieux vous connaître. Les typologies ne sont toutefois pas des outils de navigation qui vous assistent dans vos choix ;
– le modèle « GROW » développé par sir John Whitmore est un exemple de groupe d'outils qui peut vous assister dans un processus de décision. GROW est l'acronyme de *Goals* (buts), *Reality check* (situation actuelle), *Options* (alternatives), *Work plan* (actions). Ce modèle est utile comme outil tactique et stratégique. Cependant, il lui manque la dimension holistique de la personne dans son ensemble, ce qui la motive, son « excellence » (ce qui le rend unique), ainsi que ses freins. Il correspond au « NORD » et à l'« OUEST » du modèle N.E.W.S., mais ne traite ni de l'« EST » ni du « SUD » ;
– la PNL (programmation neurolinguistique) et l'Analyse Transactionnelle sont de bonnes techniques reconnues et largement utilisées qui améliorent votre efficacité, particulièrement dans le domaine de la communication. La PNL peut être utilisée comme un outil d'auto-développement et de changement. Là aussi, N.E.W.S. apporte en plus son approche holistique pour choisir, prendre des décisions et naviguer.

N.E.W.S. est compatible avec tous ces outils dont il rend plus performante la mise en œuvre.

Vous trouverez par ailleurs dans la bibliographie ou sur Internet de multiples systèmes et outils très utiles dans leur domaine.

### À retenir

N.E.W.S. présente l'avantage d'être une architecture complète qui vous aidera dans votre volonté de naviguer par vous-même et de créer la vie que vous choisirez.

Pour illustrer ce chapitre (et les suivants), vous allez continuer à suivre les aventures (fictives) de Michèle et Jean-Luc, qui vous ont été présentés dans l'introduction de cette partie. Ils sont là à titre d'exemples d'utilisation de la démarche. Ces personnages sont, comme nous tous, pleins de qualités et de défauts !

*L'expérience de Jean-Luc*

Jean-Luc a 32 ans. Sa vie (tant personnelle que professionnelle) a été une succession de lignes droites. Il a fait des études d'ingénieur informatique sur le conseil d'un de ses oncles qui a joué un rôle de mentor dans ses études. Il a rencontré sa future femme durant un stage professionnel. Le fait de devoir partir loin de sa ville natale pour son premier emploi l'a conduit à se marier plus vite qu'il ne le pensait. Il a maintenant deux enfants et se sent heureux et équilibré. Il travaille pour une entreprise hi-tech où, progressivement, il est devenu responsable de projets techniques. Il y est reconnu et apprécié.
Pourtant, Jean-Luc, confronté à d'autres univers professionnels, se sent de moins en moins motivé par la technique pure. Il prend du plaisir aux contacts avec les clients, il aime transmettre, expliquer et chercher des solutions. Lorsque son responsable lui laisse comprendre que la direction souhaite lui confier un projet technique de grande envergure qui risque de lui prendre trois années à mener à bien, il réalise confusément que ce n'est plus cela qu'il souhaite réellement.
En analysant ses croisées des chemins précédentes, il prend conscience qu'il s'est laissé un peu porter par les événements et qu'il n'a jamais ouvertement exprimé ses besoins. Par souci de l'harmonie, il a été plutôt « fataliste ». Il analyse la situation présente.

| | |
|---|---|
| **Quelle est ma croisée des chemins actuelle ?** | Accepter l'offre du projet ou faire savoir que je veux orienter ma carrière vers une autre voie, à cheval sur la technique et la relation clientèle. |
| **Qu'est-ce que je veux obtenir à la sortie de cette croisée des chemins ?** | Me réaliser pleinement, me sentir dans la bonne voie, dans un rôle de transmetteur d'informations et de solutions. |
| **Qu'est-ce qui pourrait m'empêcher de continuer dans cette direction ?** | Le fait de devoir changer de ville (ce qui suppose que ma femme change d'employeur), parce que mon entreprise a localisé ces fonctions-là au siège, loin d'ici. Cela signifierait vivre un temps plus ou moins long avec un seul salaire, des déplacements plus longs que maintenant… Bref, une remise en cause de mon équilibre famille-travail. |
| **Comment pourrais-je savoir que j'ai réussi ?** | Me lever le matin de bonne humeur et plein d'entrain avec l'envie de courir à mon travail. |
| **Quel prix suis-je prêt à payer pour y arriver ?** | Déplaire à certains de mes proches (tant au niveau personnel que professionnel) qui ne comprendront pas mon changement.<br>Prendre le risque de vivre avec un seul salaire. |
| **Quelle serait ma vie si je ne réalisais pas mon rêve ?** | M'ennuyer dans la technique et devenir insupportable tant pour mes collègues que pour ma famille à la pensée de ne plus pouvoir en sortir. |

*L'expérience de Michèle*

Michèle a 48 ans. Elle est assistante dans un cabinet d'avocats depuis 20 ans. Initialement, elle a choisi ce travail pour contribuer aux dépenses de la famille et permettre ainsi à Jacques, alors son mari, d'obtenir son diplôme de dentiste et d'ouvrir son cabinet. Après 22 ans de vie commune, elle est maintenant divorcée depuis trois ans. Jacques, devenu un dentiste réputé, lui a laissé la maison. Leurs deux enfants Aline, 21 ans, et Sophie, 19 ans, étudient à l'université et habitent loin d'elle. Après sa séparation, Michèle a rencontré Frédéric, un psychothérapeute de 58 ans. Ils vivent maintenant ensemble. Frédéric est un homme très calme qui lui est d'un grand soutien.

Michèle n'a jamais réellement aimé son travail. Il lui paraît routinier, ennuyeux et usant : il consiste à taper des comptes rendus et à classer des dossiers toute la journée. Depuis deux ans, ce travail lui déplaît de plus en plus. Sa véritable passion depuis des années est de fabriquer des objets en bois. Elle a un petit atelier dans sa maison où elle sculpte et crée de jolies gravures sur bois.

Michèle se trouve maintenant à une croisée des chemins. Elle déteste son travail. Au niveau financier, elle se sent plus libre, n'ayant plus les enfants à charge et Frédéric gagnant bien sa vie. Elle a récemment eu l'idée d'ouvrir, seule ou avec une amie, un petit magasin-atelier dans un site touristique à proximité de chez elle. Elle envisage d'emprunter de l'argent et de s'installer. Néanmoins, elle hésite parce qu'elle n'a jamais géré un magasin. Fréderic la soutient pourtant dans sa démarche. Elle ne sait pas ce qu'elle doit faire ni comment procéder.

| | |
|---|---|
| **Quelle est ma croisée des chemins actuelle ?** | Quitter le job qui a été le mien pendant 20 ans et débuter une nouvelle aventure en tant qu'artiste indépendant. |
| **Qu'est-ce que je veux obtenir à la sortie de cette croisée des chemins ?** | Me sentir plus libre, moins stressée avec un mode de vie en harmonie avec ce que j'aime faire. Pouvoir m'exprimer et m'épanouir. |
| **Qu'est-ce qui pourrait m'empêcher de continuer dans cette direction ?** | Mon manque de confiance dans ma capacité à gérer une affaire. |
| **Comment pourrais-je savoir que j'ai réussi ?** | Pouvoir m'endormir chaque jour avec le sentiment d'avoir passé une journée plaisante et tranquille. Ressentir un plus grand bien-être. |
| **Quel prix suis-je prêt à payer pour y arriver ?** | Perdre la sécurité et la stabilité d'un travail régulier avec un salaire fixe. |
| **Quelle serait ma vie si je ne réalisais pas mon rêve ?** | Rester dans mon travail. Être frustrée, nerveuse avec mes collègues et pas très heureuse, jusqu'à ce que je m'en aille ou prenne ma retraite. |

2

CHAPITRE

# Se définir soi-même comme une personne avec une valeur distincte

*« Ne cherchez pas toutes les qualités dans une seule et même personne. »*

Confucius

Vous avez maintenant pris conscience du fait que si vous n'y prenez garde, vous allez gérer votre prochaine croisée des chemins avec votre mode de décision habituel. Aller plus loin suppose d'accepter de prendre du recul pour mieux apprécier la situation. Cela consiste d'abord à mieux se connaître, puis à aller au-delà en prenant en compte à la fois vos spécificités et vos centres d'intérêts (y compris ceux du passé). Vous serez alors plus en corrélation avec ce que vous avez réellement envie de faire (et de ne pas faire).

## 1. Apprenez à vous connaître

Il existe différentes manières d'apprendre à se connaître, que ce soit par une recherche personnelle (avec l'aide d'un coach ou non), ou en utilisant divers outils comme la graphologie.

Ce livre n'est pas simplement un livre de développement personnel. Il vise à réconcilier trois niveaux :

– qui vous êtes au travers de vos attitudes et comportements observables ;

– qui vous pensez être (l'image que vous avez de vous-même) ;

– comment les autres vous voient et l'image qu'ils vous renvoient.

### 1.1 Qui êtes-vous ?

Il existe différentes approches pour mieux se connaître. Parmi les plus connues, nous citerons les typologies comportementales (voir chapitre 1). Deux modèles émergent parmi celles-ci : ceux basés sur le modèle de Carl G. Jung, le psychanalyste suisse (par exemple, MBTI, Arc en Ciel, Success Insights, Ensize, etc.), et celui de Ned Hermann (connu surtout pour l'image des cerveaux droit/gauche).

Ces deux modèles s'accordent sur quelques principes : nous avons tous les mêmes traits de caractère, mais pas dans les mêmes proportions. Ainsi, vous ne pouvez pas dire que vous êtes créatif ou non. Nous sommes tous créatifs, mais pas dans les mêmes proportions, ni de la même manière. Certains d'entre nous sont créatifs lors d'une situation donnée, alors que d'autres savent sortir facilement du contexte donné. Selon les situations, cela peut être un plus, une contrainte ou un risque.

> Marc souhaite améliorer son anglais, mais ne sait pas comment s'y prendre.
> Adeline, son amie, fait des recherches et trouve différentes formes d'apprentissage : en face à face, par la lecture, des formations au téléphone, *via* Internet, sur CD-ROM...
> Robert, son frère, lui, va, chercher des formes plus originales : partir en week-end à Londres et faire le tour des pubs, rencontrer une amie anglaise, faire partie d'une association ou d'un club à majorité anglo-saxonne, « chatter » sur un sujet qui l'intéresse en anglais...

Les typologies comportementales vous aident à comprendre quelles sont les formes d'adaptation de chacun, tant en termes d'attitudes, de créativité que de communication. Elles supposent la prise en compte de différentes clés d'analyse.

Ainsi, voici des repères qui faciliteront la compréhension de votre style de communication. Celui-ci traduit votre regard sur le monde et les autres :

– Avez-vous plutôt tendance à réfléchir à voix haute ou à voix basse avant de vous exprimer ?

> Exprimez-vous vos idées dès qu'elles vous viennent à l'esprit ? Prenez-vous le temps de réfléchir à une demande ?

– Accordez-vous plus d'importance aux faits, aux choses tangibles ou à l'ambiance, au relationnel ?

> Estimez-vous avoir besoin de comprendre avant d'approuver ? Recherchez-vous plutôt l'harmonie ou la décision « juste » ?

– Êtes-vous plutôt d'esprit synthétique (vous aimez que l'on vous explique les choses en commençant par la fin) ou analytique (aller étape par étape dans un raisonnement) ?

> Aimez-vous aller à l'essentiel ou vous intéressez-vous aux détails ? Aimez-vous faire plusieurs choses en même temps ?

Bien sûr, selon les situations, vous êtes à même de faire l'un ou l'autre. Ce que vous devez relever ici, ce sont vos préférences dominantes.

Carl G. Jung distingue quatre grandes typologies (rappelez-vous que vous ne faites pas uniquement partie de l'une d'elles, mais que vous êtes un mélange de toutes) :

– L'« ÉNERGIQUE » (plutôt orienté extraverti – faits – synthétique) est sous pression en permanence. Son talent est de décider : il lui faut des délais courts, des personnes qui comprennent vite. Il déteste attendre. Il affirme plus qu'il ne questionne, parle plus qu'il n'écoute et va droit au fait. Son risque est d'aller trop vite et d'oublier à la fois les détails et ceux qui n'ont pas tout compris.

– L'« ENJOUÉ » (plutôt orienté extraverti – relations – synthétique) aime être présent et reconnu par tous. Son talent est d'influencer : il a le contact facile, raconte des histoires et sort facilement de la conversation en cours. Il a besoin d'exprimer son opinion et qu'elle soit entendue. Son risque est d'oublier les contraintes, les enjeux et les délais.

– Le « COOPÉRATIF » (plutôt orienté introverti – relations – analytique) est un chaleureux « tranquille ». Son talent est d'aimer conseiller : il écoute plus qu'il ne parle, garde ses émotions de peur de blesser autrui et cherche avant tout à rendre service à l'autre. Lorsqu'il est enfin en confiance avec autrui, il se libère un peu plus dans l'expression de ses émotions. Son risque est de s'oublier lui-même en aidant trop les autres.

– Le « MINUTIEUX » (plutôt orienté introverti – faits – analytique) est tourné vers les faits et partage peu ses sentiments. Son talent est l'analyse : formaliste et conformiste, il se sécurise en respectant les normes et les règles. Sa minutie et son goût du détail lui permettent de tout prendre en compte. Son risque est d'avoir du mal à s'adapter dans des situations mouvantes qui nécessitent de l'adaptabilité « hors norme ».

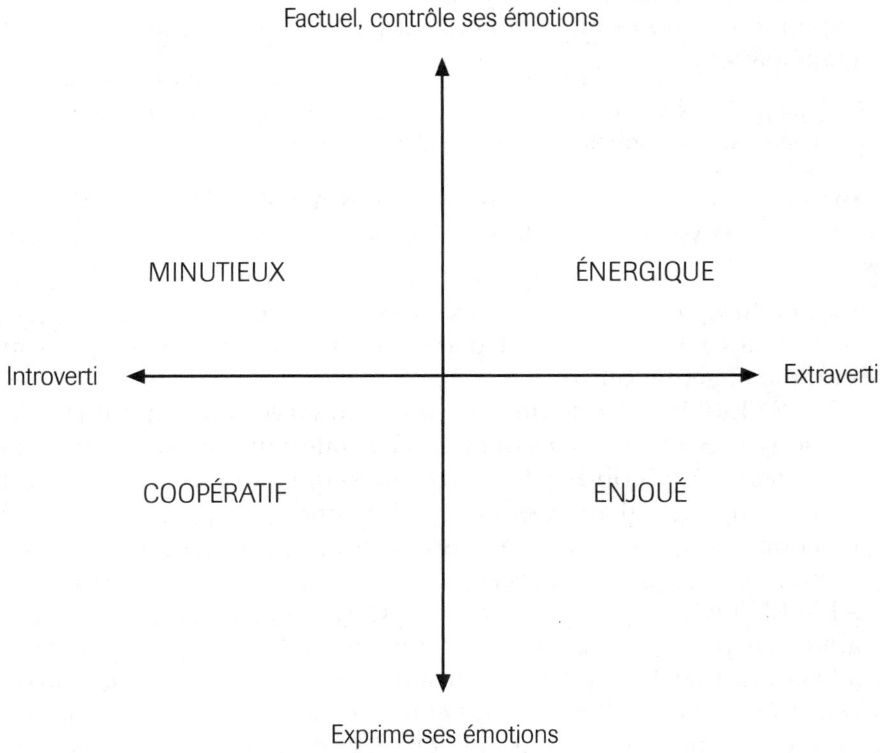


En pratique, vous avez besoin de ces quatre dimensions : votre côté « ÉNERGIQUE » va vous donner le cap et le tonus pour y parvenir, dans le respect des délais et de l'objectif. Votre côté « ENJOUÉ » contribue à lever les obstacles en trouvant des démarches originales. Votre dimension « MINUTIEUX » s'assure que tous les détails sont pris en compte et votre aspect « COOPÉRATIF » vérifie que tout le monde suit ou se sent pris en compte autour de vous.

Vous trouverez dans la bibliographie des livres pour approfondir le sujet.

> *L'expérience de Michèle*
>
> Sur les conseils de son compagnon, Michèle fait ce test. Il lui révèle qu'elle est plutôt à dominante Minutieux-Coopératif. Elle aime à la fois le travail précis et minutieux, la dimension artistique et les relations sociales. Elle ne va pas spontanément vers les autres, mais dès qu'elle se sent dans son élément, elle devient très sociable et aime partager.

### À retenir

Des divergences en termes de formes de communication peuvent vous conduire non seulement à mécomprendre les autres, mais aussi à être perçu par eux de manière superficielle. D'où l'intérêt de mieux vous connaître et de vous adapter à vos opposés.

## 1.2 Quelles activités vous conviennent le mieux ?

Voici une approche qui peut compléter la précédente. John Holland, un chercheur américain ayant travaillé sur les intelligences multiples, a mis au point une typologie des comportements au travail selon les centres d'intérêts d'un individu : le « RIASEC ».

Cette typologie, fréquemment utilisée par les cabinets de recrutement, vous permet de déterminer les activités qui vous conviennent le mieux. Elle est basée sur 6 profils :

– **R**éaliste : vous avez le goût de la précision et de la réalisation de tâches concrètes.

– **I**nvestigateur : vous aimez comprendre le fonctionnement de ce qui vous entoure.

– **A**rtistique : vous avez une imagination fertile et une grande sensibilité qui s'exprime de diverses façons.

– **S**ocial : vous avez le goût de la communication et du contact avec les autres.

– **E**ntreprenant : votre énergie vous permet de vendre vos idées, convaincre et orienter les décisions.

– **C**onventionnel : vous recherchez un cadre clair avec un rôle précis.

Bien entendu, vous avez tous ces profils, mais à des degrés divers. L'important est de repérer les dominantes.

### Pour aller plus loin

Vous trouverez sur Internet des exemples gratuits de test RIASEC :
http://emploiquebec.net/Guide/fr/ex_riasec. htm
http://www.monemploi.com/ma_formation/profil/questionnaire. asp
Attention ! L'interprétation des résultats demande du savoir-faire et de l'expérience. Ces sites sont indiqués ici à titre d'illustration. Pour un véritable usage, faites appel à un professionnel. D'ailleurs, une forme plus complète est utilisée par les psychologues sous le nom de « test Strong ».

*L'expérience de Jean-Luc*

Jean-Luc, lors d'un stage de formation, a fait ce test. Selon la typologie RIASEC, il serait « RIS » (Réaliste, Investigateur, Social). Son intervieweur lui a alors expliqué qu'il a un profil adapté pour des métiers techniques avec une forte dimension conseil auprès d'utilisateurs : expert conseil en informatique, conseil en énergie... Si ses tâches techniques actuelles correspondent bien aux deux premiers traits, Jean-Luc ressent le manque d'utilisation de sa dimension « Social ».

### À retenir

Rappelez-vous qu'il n'y a pas de bons ou de mauvais résultats dans ces typologies. Il est important de préciser que ces tests ne s'interprètent pas aisément si vous n'avez pas l'habitude de les manier.

## 1.3 Comment vous comportez-vous face à un changement ?

À quoi ces tests peuvent-ils vous servir dans une croisée des chemins ? À mieux comprendre à la fois votre mode d'analyse de la situation et vos réactions.

Vous et votre entourage voyez la même situation, mais chacun, selon sa personnalité, sous des angles et avec des attitudes et des comportements différents.

Ainsi, les « MINUTIEUX » et les « COOPÉRATIFS », en période de changement, voient d'abord les aspects négatifs pour mieux les dépasser (nous appellerons cela « voir le verre à moitié vide ») :

– les « MINUTIEUX » seront stressés par l'incertitude, le flou et le manque de précisions. Ils auront du mal à se décider tant qu'ils ne pensent pas maîtriser tous les éléments ;
– les « COOPÉRATIFS », s'ils se sentent menacés ou sous pression pour se décider, vont se replier sur eux-mêmes, être silencieux et se « braquer » : ils se réfugient dans le *statu quo* et l'immobilisme.

De leur côté, les « ÉNERGIQUES » et les « ENJOUÉS » voient surtout les aspects positifs (leur vision est celle du « verre à moitié plein ») :
– les « ÉNERGIQUES » veulent de l'action, aller vite, ne supportent pas ceux qui ne vont pas à leur vitesse ou semblent lents à leurs yeux. Leur vision peut alors être superficielle et ils peuvent rapidement changer de cap ;
– les « ENJOUÉS » aiment le changement et l'imprévu. L'image d'inconstance qu'ils donnent les rend difficilement cernables aux yeux de leur entourage.

> *L'expérience de Michèle*
>
> Michèle, plutôt minutieuse et coopérative, veut tout maîtriser avant de se lancer. S'il n'y avait pas son compagnon pour la rassurer et la sécuriser, elle ne verrait que les risques : « Je ne sais pas gérer une boutique, je risque de perdre mes économies, je ne suis qu'un amateur… »

Nombre de conflits surviennent au quotidien autour du débat : « Le verre est-il à moitié vide ou à moitié plein ? »

## 1.4 Quelle image de vous les autres vous renvoient-ils ?

Selon que vous soyez détendu ou stressé, épanoui ou démotivé, votre personnalité présente, aux yeux des autres, un aspect différent. Le milieu dans lequel vous travaillez et le style de personnes que vous côtoyez ont un impact sur l'expression de votre image.

Voici quelques questions que vous pouvez poser à votre entourage (amis, collègues…) :

| | |
|---|---|
| **Quelles sont mes principales qualités ?** | |
| **Et mes principaux défauts ?** | |
| **Quels talents particuliers me prêtez-vous ?** | |
| **Qu'est-ce qui me distingue des autres ?** | |
| **Dans quels cas me recommanderiez-vous à quelqu'un ?** | |

Leurs retours peuvent vous surprendre. Ne les jugez pas, ne les interprétez pas. Vous casseriez la communication. Écoutez les réponses, acceptez que des personnes vous voient sous d'autres angles et tirez-en la leçon.

*L'expérience de Jean-Luc*

Jean-Luc demande à un ami d'adresser en son nom un questionnaire sur ses compétences professionnelles à quelques-unes de ses connaissances. Ce dernier lui restitue de manière anonyme une synthèse des questionnaires :

| | |
|---|---|
| **Quelles sont mes principales qualités ?** | Il est facile à approcher, a une bonne écoute et aime renseigner.<br>Il épaule bien son équipe. |
| **Et mes principaux défauts ?** | Il travaille dur mais oublie parfois que son entourage peut avoir d'autres contraintes.<br>Il veut gérer trop de choses en même temps.<br>En conséquence, il oublie parfois ses propres engagements vis-à-vis d'autrui. |
| **Quels talents particuliers me prêtez-vous ?** | Aime transmettre du savoir.<br>Fédère les gens.<br>Communique son enthousiasme et son savoir. |
| **Qu'est-ce qui me distingue des autres ?** | Sait expliquer des choses très complexes de manière simple. |
| **Dans quels cas me recommanderiez-vous à quelqu'un ?** | Des situations où il est important d'avoir des relations basées sur la technique avec des non-spécialistes (utilisateurs par exemple). |

De l'analyse détaillée de ces retours, Jean-Luc prend conscience de trois points clés à améliorer :

- déléguer plus et faire plus confiance ;
- développer son empathie ;
- s'organiser mieux/prendre en compte les contraintes des autres.

## À retenir

La première clé de votre démarche est d'apprécier l'écart entre l'image que vous avez de vous et celle que les autres vous renvoient.

## 2. Identifiez vos spécificités

Vous commencez à avoir une meilleure idée de qui vous êtes, de comment les autres vous voient et de vos capacités. Toutefois, bien savoir faire quelque chose ne signifie pas forcément l'aimer : vous pouvez être un bon nageur, mais ne pas aimer faire des longueurs de piscine. À l'opposé, vous pouvez trouver du plaisir à jouer du piano, même si vous n'avez pas de talents particuliers pour cela. Il va falloir faire la part des choses entre ce que vous faites plus ou moins bien et ce que vous aimez.

### 2.1 Retour dans le passé

Partez de votre premier travail (il peut s'agir d'un stage ou d'un travail en intérim) et de ce qui vous a marqué. Vous pouvez y inclure vos activités associatives, si cela vous paraît signifiant.

| Dates | Fonction | Activités | Ce que j'ai le plus apprécié | Ce que j'ai le moins aimé |
|---|---|---|---|---|
| | | | | |

*L'expérience de Jean-Luc*

Jean-Luc a rempli son tableau :

| Dates | Fonction | Activités | Ce que j'ai le plus apprécié | Ce que j'ai le moins aimé |
|---|---|---|---|---|
| 1998-2002 | Capitaine Équipe volley-ball | Animation équipe | Faire évoluer le groupe | Régler les litiges entre les personnes |
| 2002 | Ingénieur stagiaire | Mise en place d'applications | Autonomie dans les contacts Conseils aux utilisateurs | Manque d'appui et de méthode |

| | | | | |
|---|---|---|---|---|
| 2005 | Ingénieur informatique | Travail en mode projet | Travail d'équipe<br>Contact avec les demandeurs | Manque de moyens<br>Des priorités qui changent trop souvent |
| 2008 | Chef de projet | Animation d'une équipe projet | Motivation de l'équipe<br>Vision globale du projet | Lourdeur du reporting<br>Procédures comptables |

Il ressort clairement de ce tableau que Jean-Luc, au-delà de l'aspect technique de son travail, aime disposer de cadres de travail structurés et apprécie le contact humain. Il aime moins (ou n'aime pas ?) les procédures administratives et l'indécision dans les orientations des priorités.

Ce premier travail a permis d'identifier vos spécificités.

**À retenir**

Ce tableau est différent de celui de vos réalisations. Il est peut-être aussi plus représentatif de votre personnalité.

### 2.2 Vos talents

Vos talents, c'est à la fois ce que vous aimez faire et ce que vous faites bien.

Vous pouvez repartir de votre tableau précédent et détailler vos compétences.

| | **Les compétences que j'aime utiliser** | **Celles que j'aime peu ou pas** |
|---|---|---|
| **Les activités que je fais bien** | | |
| **Celles dans lesquelles je ne me sens pas à l'aise** | | |

Vous pouvez, bien sûr, ajouter des lignes intermédiaires dans ce tableau : les compétences que vous aimez moyennement utiliser, les activités que vous n'aimez pas... Attention, plus le tableau est complexe, plus il requiert d'être précis et... devient vite inutilisable !

*L'expérience de Jean-Luc*

Jean-Luc complète ce tableau.

| | **Les compétences que j'aime utiliser** | **Celles que j'aime peu ou pas** |
|---|---|---|
| **Les activités que je fais bien** | Tout ce qui a une logique (par exemple, informatique)<br>Suivre une procédure claire<br>Transmettre du savoir<br>Partager une tâche en équipe | Le reporting<br>L'administratif au sens large... |
| **Celles dans lesquelles je ne me sens pas à l'aise** | La dimension financière<br>La communication et la présentation | Régler les conflits entre les personnes<br>Transmettre des messages contradictoires dans le temps<br>Appliquer des décisions qui ne me semblent pas logiques |

Jean-Luc, à ce stade, commence à prendre conscience de ses talents.

## À retenir

Vous reconnaissez vos talents lorsque vous pensez aux tâches durant lesquelles vous perdez la notion du temps et de votre environnement tellement vous vous y sentez bien.

### 2.3 (Re)prenez conscience de vos dons naturels

Qu'est-ce qu'un don naturel ? Un talent naturel, une qualité innée. Vous n'avez rien fait pour l'avoir ni rien, peut-être, pour l'exploiter, mais il est bien là.

Chaque homme a un ou des don(s) naturel(s). En prendre conscience suppose de connaître ses qualités et ses défauts et surtout de les accepter. Cela demande lucidité et honnêteté avec soi-même.

Vous trouverez ci-après quelques questions pour vous aider à le(s) déceler. Si vous avez du mal à y répondre immédiatement, lâchez prise, laissez-vous guider par vos idées, vos envies, vos désirs, et questionnez votre entourage (surtout ceux qui vous connaissent depuis longtemps) : c'est une des manières de trouver la (ou les) réponse(s).

*L'expérience de Michèle*

Michèle a répondu au questionnaire suivant. Elle a ensuite interrogé ses parents, des amis et son ex-conjoint pour compléter le regard qu'elle porte sur elle-même.

| | |
|---|---|
| **En quoi ai-je toujours été douée ?** | Les travaux qui demandent à la fois de la créativité et de la minutie.<br>La capacité à donner un sens et du lien à un objet ou un ensemble de données = je suis capable de le voir en trois dimensions dès le départ. |
| **Quelles sont les situations ou les problèmes qui me semblent les plus faciles à aborder ou à résoudre ?** | Les situations qui demandent à la fois de collecter de nombreux éléments et de chercher une solution originale. |
| **Qu'est-ce que les autres (amis, collègues) viennent chercher chez moi ?** | Ma capacité à écouter et à dénouer des situations en apparence complexes. |
| **En quoi mon entourage m'a toujours dit que j'étais bonne ?** | Mon esprit d'analyse et ma créativité, tant au niveau personnel que professionnel. |
| **Quels étaient mes talents spécifiques dans mes emplois précédents ?** | Dans mon travail actuel (au sein du cabinet d'avocats), mon esprit d'analyse et mon sens du détail m'ont permis de contribuer à la solution de problèmes complexes. Les avocats n'hésitent pas à me consulter sur un dossier pour ma capacité à relier les faits entre eux. En revanche, je n'ai pas l'occasion de mettre en œuvre mon côté créatif. |

**À retenir**

Parfois votre éducation tant familiale que scolaire et votre environnement peuvent vous avoir détourné de votre chemin. Lorsque vous le (re)trouverez, vous vous direz peut-être : « Je l'ai toujours su ! »

## 3. Reconnaissez vos souhaits et vos passions

Vous avez appris à mieux vous connaître et vous avez (re)trouvé votre spécificité, vos dons. Il vous reste maintenant à prendre en compte vos passions.

### 3.1 Qu'est-ce qui vous passionne ?

Avec le système N.E.W.S., vous aspirez à bien vous connaître afin de comprendre votre excellence naturelle (votre valeur spécifique). Pour cela, vous cherchez tout d'abord à prendre conscience des aptitudes qui vous sont propres. Ensuite, vous réalisez que votre excellence est à découvrir dans ce qui vous passionne.

La passion pour quelque chose est un indicateur propre à chacun. Vous n'avez pas été spécialement éduqué pour avoir des passions particulières. Vous n'apprenez pas cela à l'école. Une passion est naturelle, plus ou moins constante et authentique. C'est pour cela que c'est un indicateur important pour vous aider à découvrir votre spécificité.

***Autodiagnostic***
***Vos loisirs d'hier à aujourd'hui***

| | Durée de l'intérêt | Compétences requises | Mes centres d'intérêts dans ces loisirs |
|---|---|---|---|
| **À quoi consacrais-je mes loisirs ?** | | | |

Pourquoi aviez-vous choisi ce (ou ces) loisir(s) ? Qu'est-ce qui vous motivait ?

*L'expérience de Michèle*

Si le travail actuel de Michèle est d'être secrétaire, sa véritable passion se situe dans un autre univers. Elle a toujours rêvé de faire de la gravure sur bois. Depuis aussi longtemps qu'elle peut se le rappeler, elle a toujours aimé collectionner des morceaux de bois, jouer avec, en faire de petites poupées, des plats ou des cendriers. Lorsqu'elle était enfant, elle demandait régulièrement, pour ses anniversaires, des outils pour travailler le bois. Devenue adolescente, elle aimait visiter des expositions d'artisanat.
Avant son mariage, elle a suivi un stage avec un sculpteur renommé. Une fois mariée, ses loisirs consistaient principalement à se retirer dans son atelier pour créer de petites gravures sur bois.
Quand elle exerce cette activité, elle oublie ce qui l'entoure. Il est évident que ceci est sa véritable passion.

**À retenir**

Vos passions et vos centres d'intérêts font partie intégrante de votre spécificité. Il y a des domaines où vous êtes très motivé, très enthousiaste et suivi par les gens qui vous entourent.

### 3.2 Découvrez vos passions

Découvrir ses passions est un processus qui nécessite quelques recherches. Certaines passions vous paraîtront évidentes à citer alors que d'autres vous demanderont plus d'effort. Il ne s'agit pas de vos centres d'intérêts dans le passé, ni de vos lubies éphémères. Vous êtes en train de prendre conscience de ce qui a toujours été en vous, de ce qui vous est spécial et unique tout au long de votre vie.

Ce que vous faites dans vos temps de loisirs est souvent un bien meilleur indicateur de votre environnement préféré que votre parcours professionnel. Pourquoi ? Car vous choisissez un loisir (et son environnement) parce que vous le voulez, rarement parce que vous le devez.

Le questionnaire ci-dessous va vous y aider.

| | |
|---|---|
| **Qu'est-ce qui me passionne, au point de me faire oublier ce qui m'entoure ?** | |
| **Qu'est-ce que je ressens lorsque je fais ce qui me passionne ?** | |
| **Que se passe-t-il lorsque je ne fais pas ce qui me passionne ?** | .../... |

| | |
|---|---|
| **Qu'aimais-je faire à l'âge de 5-7 ans ? De 18-19 ans ?** | |
| **Qu'y avait-il alors de spécial ?** | |
| **Qu'est-ce qui m'enthousiasmait alors ?** | |
| **Remémorez-vous et décrivez un moment pendant lequel vous avez vécu la passion.** | |

Répondez d'abord vous-même à ces questions par écrit. Puis, posez-les à vos parents, à vos frères et sœurs, vos amis d'enfance…

Que découvrez-vous au travers de leur regard ?

*L'expérience de Jean-Luc*

Autodiagnostic de ses passions

Jean-Luc répond au questionnaire :

| | |
|---|---|
| **Qu'est ce qui me passionne, au point de me faire oublier ce qui m'entoure ?** | Résoudre des problèmes techniques pour les autres. |
| **Qu'est-ce que je ressens lorsque je fais ce qui me passionne ?** | Un sentiment de challenge, de la fierté parce que tout le monde compte sur moi. |
| **Que se passe-t-il lorsque je ne fais pas ce qui me passionne ?** | De la monotonie, de l'ennui. |
| **Qu'aimais-je faire à l'âge de 5-7 ans ? De 18-19 ans ?** | Réparer les vélos de mes copains, puis plus tard leurs voitures et leurs ordinateurs. |
| **Qu'y avait-il alors de spécial ?** | Je n'entendais plus ce qui se passait autour de moi, le temps ne comptait plus. |
| **Qu'est-ce qui m'enthousiasmait alors ?** | Le regard de ceux que j'avais aidés quand j'avais terminé. |
| **Remémorez-vous et décrivez un moment pendant lequel vous avez vécu la passion** | La cuisinière électrique de ma mère était tombée en panne un dimanche, juste avant le déjeuner. Ma mère était paniquée et aucun réparateur n'était disponible. Sans solution de remplacement, mes parents me laissèrent faire. Tout le monde était autour de moi et parlait, mais je ne les entendais pas, j'étais concentré sur le réseau de fils. Je réussis à trouver la cause de la panne et je remis tout en ordre. L'histoire a fait le tour de ma famille et la fierté de mes parents. |

**À retenir**

Il y a souvent un décalage entre le regard que vous portez sur vous-même et celui que portent les autres sur vous. Un vieux proverbe chinois illustre bien cette idée : « Le poisson rouge est le dernier à savoir qu'il est dans l'eau. »

### 3.3 Regroupez tous les éléments collectés

Vous commencez, petit à petit, à dresser votre portrait. Tous les éléments résultant des différents questionnaires vous amènent à comprendre vos réels intérêts et passions.

Il vous faut maintenant collecter toutes ces données et chercher des lignes de similarité ou des groupes de passions similaires.

| | |
|---|---|
| **Traduisez en mots simples les éléments que vous avez trouvés sur vous-même** | |
| **Est-ce qu'ils expriment bien vos véritables passions ?** | |

*L'expérience de Michèle*

Les termes choisis par Michèle pour décrire ses passions sont : créer, travailler de mes mains, transformer les matériaux, esthétique, précision, fonctionnalité, utilité, pratique, travail artistique, concerts, vie, joie, esprit en paix.
Les mots choisis par Jean-Luc sont : précision, respect des règles, concentration, aide à autrui.

Et pour vous-même ? Les mots que vous avez écrits « résonnent-ils » en vous ? Si oui, vous êtes prêt à passer à l'étape suivante. Si non, retravaillez-les.

**À retenir**

Vous trouverez vos passions aussi bien dans votre carrière passée que présente, dans votre enfance, vos hobbies, vos loisirs...

## 4. Définissez un « Moi » en tant que produit unique

Vous êtes « vous » ! Vous n'êtes pas un clone, ni un individu perdu dans la masse. Vous avez votre propre identité et vos spécificités qui vous distinguent, à un titre ou à un autre, des autres. Comment vous définir ? Afin de bien comprendre votre valeur spécifique, le système N.E.W.S. vous propose cinq méthodes complémentaires. À vous de choisir celle qui vous convient le mieux.

### 4.1 Méthode 1 : quels sont vos bénéfices ?

Quand vous achetez ou vendez un produit, vous examinez ses caractéristiques. Vous les traduisez ensuite en avantages relatifs et, de là, en bénéfices particuliers qui vous attirent et satisfont vos besoins.

> Vous voulez changer votre poste de télévision. Dans un magasin, le vendeur vous présente un nouveau produit : il a quelques nouvelles caractéristiques en termes de résolution d'image, de son, de profondeur et a de multiples fonctions. Vous le comparez à celui que vous avez afin d'en apprécier les avantages. Il se trouve que, pour vous, les plus importants bénéfices que vous en attendez sont, d'une part, la qualité du son et, d'autre part, l'épaisseur de l'écran. Le prix, pour vous, doit être en rapport avec la valeur que vous estimez de ces bénéfices.

**À retenir**

Vous pouvez vous voir vous-même comme un produit sur le marché du travail. Vous avez des qualités uniques que vous devez découvrir. Ces caractéristiques sont à traduire d'abord en avantages relatifs puis en bénéfices potentiels pour un employeur ou une relation. Dans cet esprit, par analogie, vous pouvez définir votre valeur spécifique. Cela peut, bien sûr, s'étendre à d'autres domaines que le travail.

### 4.2 Méthode 2 : « Appelez-moi quand... »

Une autre technique utile pour identifier votre valeur spécifique, la valeur qui vous est propre, est d'imaginer que toute la population mondiale se déplace en tenant des pancartes dans ses mains. Sur celles-ci, il serait écrit : « Appelez-moi quand... » (avec un mot différent pour chacun).

Vous décidez de fabriquer une pancarte à votre tour. Complétez la phrase avec les situations ou les besoins pour lesquels vous pensez avoir le plus de valeur pour les autres.

> « Appelez-moi quand...
>
> - Vous avez besoin de quelqu'un qui vous écoute et vous donne un bon conseil pour mieux communiquer avec autrui.
>
> - Vous avez besoin d'un super-technicien pour les téléphones mobiles.
>
> - Vous avez besoin de traduire des idées en actions concrètes, notamment dans le commerce... »
>
> Jean-Luc définit ainsi sa spécificité : « Appelez-moi quand vous ne savez plus quoi faire pour résoudre un problème technique et que vous voulez comprendre le pourquoi et sa solution. »

**À retenir**

Cela vous permet de définir vos atouts d'une manière concise.

### 4.3 Méthode 3 : définissez votre « promesse principale »

Une autre approche très pratique est de vous concevoir comme un produit. Vous allez chercher la « promesse principale » du produit « Moi ». Il s'agit d'une méthode utilisée en marketing : le chef de produit essaie ainsi de savoir comment communiquer les bénéfices et les atouts d'un produit à un client potentiel.

> Un nouveau médicament pour l'hypertension peut présenter une grande variété de caractéristiques pharmacologiques. Cela demande beaucoup de connaissances et d'expertise pour comprendre sa pharmacocinétique et sa pharmacodynamique. Au moment du lancement sur le marché, il est nécessaire de communiquer aux médecins et aux patients des messages simples sur ce que sont ses bénéfices ou « USP » (voir encadré ci-après).
>
> Par exemple : une action plus rapide, moins d'effets secondaires que les produits existants et pas d'interactions médicamenteuses négatives.

## Pour aller plus loin

Le principe de la « promesse principale » (ou « USP » en anglais, « *unique selling proposition* ») a été développé et popularisé par Rosser Reeves, publicitaire américain, dans les années 1940 au sein de l'agence de publicité Ted Bates. Le principe en est simple : pour qu'une publicité délivre tout son potentiel de conviction, elle doit mettre en valeur la promesse principale d'un produit ou d'un service. Cette promesse ne doit pas pouvoir être utilisée par la concurrence et doit être basée sur un élément réellement différenciateur.

### *Exercice*

Définissez-vous comme un produit sur le marché du travail (ou sur le « marché du mariage » ou tout autre domaine) : quelle est votre promesse principale ?

### *Exercice intermédiaire de synthèse : « Moi » en tant que produit*

| | |
|---|---|
| **Dressez la liste de vos qualifications professionnelles** | |
| **En quoi estimez-vous que vous avez de l'expérience ?** | |
| **Quels sont vos domaines d'expertise ?** | |
| **Quels sont les résultats probants des trois points ci-dessus ?** | |

## À retenir

Peut-être êtes-vous choqué par cette manière de voir ou de faire. Vous êtes, bien sûr, un être humain, pas un produit. Il n'y a pas de marché du mariage au sens strict du terme, mais un monde de relations et de rencontres amoureuses. Il s'agit juste d'une image pour vous aider à définir votre valeur.

## 4.4 Méthode 4 : « mes meilleurs moments »

Vous pouvez également revisiter vos meilleurs moments. Dans votre vie, il y a des moments, parmi toutes vos tâches et devoirs, qui vous semblent être de « grands moments ». Ce sont des temps de grandes réalisations (à vos yeux) ou de grandes satisfactions. Que vous les appeliez « des moments clés » ou « vos meilleurs moments », ce sont des occasions qui ont nécessité que vous donniez le meilleur de vous-même.

> *L'expérience de Michèle*
>
> Pour Michèle : un de mes « grands moments » s'est passé au lycée. Avec les autres élèves, nous avons organisé une exposition. À cette occasion, j'ai présenté un plat en bois que j'avais sculpté dans une vieille branche d'olivier trouvée par hasard. Les parents et amis étaient invités à visiter l'exposition. Parmi eux, un critique d'art s'arrêta devant mon plat et s'exclama : « C'est vraiment du travail d'artiste ! » Je ne pourrai jamais oublier combien je me sentais fière et pleine d'espérance pour le futur.

**▸ *Exercice***

| Listez trois de vos meilleurs grands moments | Qu'est-ce qui fait de ces épisodes des grands moments pour vous ? | Quelle est votre spécificité au regard de ces moments ? |
|---|---|---|
| | | |
| | | |
| | | |

**À retenir**

> C'est dans ces « meilleurs moments » vécus que vous pouvez découvrir le meilleur de vous-même ou votre réelle valeur.

## 4.5 Méthode 5 : « chantez vos louanges »

Si toutes les techniques et méthodes ci-dessus ne vous semblent pas suffisantes pour déterminer votre « valeur unique », en voici une dernière. Les gens ne se couvrent pas d'éloges mutuellement très souvent. C'est seulement lorsque quelqu'un décède que tout le monde s'entend alors sur ses qualités et ce qui faisait sa valeur « irremplaçable ». Or, vous avez besoin de le savoir maintenant et non quand cela ne vous sera plus utile.

*Exercice*

Imaginez que votre famille soit rassemblée autour de votre lit de mort. Que dirait-elle alors sur vos qualités et sur ce que vous lui avez apporté ?

**À retenir**

En Grèce antique, lorsque quelqu'un mourait, le thème central de son éloge funèbre portait sur ce qui l'avait passionné. Les Grecs pensaient que la passion était un signe de vie intérieure : connaître la passion de quelqu'un est un révélateur de cette vie intérieure.

## 4.6 Définissez le niveau de votre spécificité

Toutes les spécificités ne sont pas de même nature. Certaines sont plus rares que d'autres. De même, au cours de votre vie, vous pouvez avoir accru ou réduit la valeur de votre spécificité. Tout ce que vous apprenez à ce sujet, les compétences que vous acquérez et votre travail sur vous-même participent à son développement. À l'inverse, si vous la négligez, vous en abaissez le niveau.

> Vous êtes doué pour la course de fond. Même sans être un grand sportif, un jogging régulier et une bonne alimentation permettent de l'entretenir dans le temps. En revanche, l'abus d'aliments gras et sucrés ou le manque d'exercice suffisent à en abaisser le niveau.

Des chercheurs sont arrivés à la conclusion qu'il fallait au moins 10 000 heures de pratique pour devenir un expert dans son domaine, que ce soit en art, en sport ou en management[1].

> Henri est un chauffeur-livreur âgé de 28 ans. Il conduit des camionnettes depuis deux ans dans la région de Lille. Il connaît très

1. Marcus Buckingham, *Découvrez vos points forts*, Pearson, 2008.

bien l'agglomération lilloise, mais est un peu perdu quand il doit s'en éloigner. Il parle seulement le français et n'a jamais suivi de formation spécifique en termes de service et de communication. Il est plutôt irascible et se dispute souvent avec son patron et les clients. Son salaire est médiocre et sans primes particulières.

Philippe a également 28 ans et conduit des camions depuis environ trois ans. Il a suivi des formations pour conduire des semi-remorques à l'international. Il parle couramment français, anglais et allemand. Il a déjà parcouru une bonne partie de l'Europe. Il continue à suivre des cours de communication. Il a même gagné l'année dernière le trophée de la courtoisie dans son entreprise. Il veut maintenant développer son expertise technique. Son salaire est le plus élevé des jeunes conducteurs (moins de cinq ans d'expérience) de son entreprise. Il a même reçu ces deux dernières années des primes de satisfaction clientèle.

Qui, à votre avis, a le plus d'atouts ?

Le niveau de spécificité mesure le degré d'exceptionnalité que vous avez atteint dans la valeur que vous offrez. C'est un moyen d'analyser l'adéquation de votre spécificité au marché et aux attentes.

### *Exercice*

Définissez votre niveau de spécificité sur le marché de votre choix.

| 1. Sans spécificité | 2. Faible | 3. Moyen | 4. Élevé | 5. Très élevé |
|---|---|---|---|---|
| | | | | |

| | |
|---|---|
| **Pour quelles raisons me suis-je donné cette note ?** | |
| **Que puis-je faire pour l'améliorer ?** | |

*Les expériences de Jean-Luc et de Michèle*

Jean-Luc hésite entre 3 et 4, parce qu'il a des compétences qu'il sait élevées. Toutefois, comme il ne peut pas tout savoir sur tous les sujets (notamment en électronique), il pense qu'il a des progrès à faire : au niveau technique d'abord, mais aussi au niveau communication pour gérer les personnes stressées par les problèmes.

Michèle se classe entre 2 et 3. Elle doute de ses talents qu'elle estime bons pour un « amateur », mais insuffisants pour en faire un métier (son entourage lui dit pourtant le contraire).

**À retenir**

Vous êtes unique. Vous avez votre propre valeur distinctive. Quand vous connaissez votre réelle valeur, que vous l'entretenez et la développez, vous devenez un grand professionnel, un grand ami, un grand parent.

## 5. Prenez conscience de l'image que vous avez de vous-même

Vous avez trouvé votre valeur distinctive. Correspond-elle à l'image que vous avez de vous-même ? Comment expliquez-vous cet écart ? Comprenez les origines possibles et… colmatez la brèche.

### 5.1 Identifiez ceux qui vous ont influencé

De temps en temps, vous repensez peut-être à ceux qui vous ont, de quelque manière que ce soit, influencé dans les décisions qui vous ont conduit là où vous êtes.

Parents, enseignants, mentors, amis… Ils ont contribué à façonner l'image que vous avez de vous-même. Certains ont contribué à votre apprentissage, ouvert vos yeux ou, d'une manière ou d'une autre, eu un impact durable sur votre évolution. Vous les appellerez les « promoteurs ».

D'autres ont agi comme des freins en vous rabaissant, en bloquant à un instant précis votre image de vous-même (un peu comme un appareil photo fixe une image) et en stoppant votre progression dans un domaine ou un autre. Vous les appellerez les « détracteurs ».

> Henri, le chauffeur-livreur, se rappelle très bien de son père lui répétant sans cesse : « Tu es un bon à rien. Je ne peux même pas te laisser jardiner, tu bousillerais le jardin. » C'était clairement un détracteur. Il se rappelle aussi de son moniteur d'auto-école lui disant : « Pas mal, vous avez une très bonne coordination des gestes et de bons réflexes. Vous pourriez même conduire des véhicules plus complexes et/ou plus rapides. » C'était un promoteur.

### *Exercice*

| | Quels sont ceux qui vous ont influencé ? | En quoi vous ont-ils influencé ? |
|---|---|---|
| **Qui étaient des promoteurs ?** | | |
| **Qui étaient des détracteurs ?** | | |

*Les expériences de Jean-Luc et de Michèle*

Jean-Luc a conscience d'avoir été aidé à la fois par ses parents et par un de ses professeurs qui avait repéré ses talents au lycée. Il a été aussi « limité » par sa famille (notamment un de ses oncles) qui lui répétait sans cesse qu'il devait être ingénieur de recherche et non « technicien client » (mot péjoratif dans sa bouche). Cela l'avait conduit à orienter ses études dans ce sens.

Michèle a conscience que l'éducation traditionnelle qu'elle a reçue (« fais tout pour que ton mari réussisse », « ta réussite, c'est ton mari et tes enfants ») a grandement limité l'expression de son talent. Bien sûr, son ex-conjoint lui avait facilité l'installation d'un atelier dans la maison et l'avait encouragée, mais elle avait toujours ressenti cela comme une activité de loisir à exercer une fois qu'elle s'était occupé des autres (sa famille).

Faites le tri entre les images positives et les images négatives pour choisir celles que vous voulez garder et celles que vous souhaitez changer.

Une histoire personnelle

Mon fils a d'abord fréquenté une école maternelle où les méthodes étaient très modernes : les enfants choisissaient ce qu'ils voulaient faire et comment ils le feraient. Puis il est allé dans une autre maternelle aux méthodes plus traditionnelles. Au bout de quelques jours, nous avons reçu un appel téléphonique d'une institutrice. Elle nous a dit : « Votre fils est en retard pour son âge. Il n'a aucune coordination des gestes. » Inquiets, nous sommes allés la voir. Elle nous a montré un dessin : « Je lui ai demandé de dessiner un cheval et voilà le résultat. »

Nous avons alors vu sur le dessin un beau nuage marron sur un fond vert. « Ce n'est pas un cheval », a commenté l'institutrice en colère, « il est incapable d'en faire un. »

Réalisant que l'image que mon enfant pouvait avoir de lui-même était en danger, j'ai interrompu l'institutrice pour lui dire : « Mon enfant est très créatif. Nous l'avons encouragé jusqu'à présent à ne faire que des dessins abstraits. Donnez-lui un mois, expliquez-lui ce que vous attendez de lui et vous verrez combien il est créatif et talentueux. »

Un mois plus tard, la même institutrice nous a rappelés pour nous dire : « Votre enfant est très créatif. »

**À retenir**

Des années plus tard, vous avez toujours en tête les images que ces gens ont créées en vous. Certaines vous ont fait progresser et ont développé votre confiance en vos capacités. D'autres vous ont abîmé, vous rendant faible et petit.

## 5.2 Choisissez le point de vue que vous désirez avoir de vous

À ce stade, vous avez fait un grand travail pour découvrir votre spécificité et votre valeur. Vous avez collecté des données d'une grande variété de sources : vous-même, vos collègues, vos amis, votre famille…

Vous avez également pris conscience des influences qui ont pu jouer ou non en votre faveur.

Vous allez maintenant confronter le point de vue « historique » que vous avez de vous, tel qu'il vous a été ancré dans la tête par vos promoteurs et vos détracteurs avec la compréhension actuelle de votre spécificité et de votre valeur.

> Henri, le chauffeur-livreur, décide que sa valeur tient en partie à ses capacités de coordination des gestes et à ses réflexes. Or, son père avait l'habitude de lui dire qu'il n'était bon à rien. Il décide de choisir le point de vue positif qu'il vient de découvrir. Il s'inscrit à un stage de course automobile et découvre qu'il est doué. Il développe alors sa confiance en lui. Sa frustration et ses malaises dans les relations sociales diminuent.

Comme Henri, que pouvez-vous faire pour tirer parti de vos atouts ?

**À retenir**

Lorsque les points de vue des promoteurs et des détracteurs diffèrent, choisissez celui que vous garderez dans le futur.

### 5.3 Projetez cette dimension dans l'image actuelle que vous avez de vous-même

Une fois que vous avez vérifié la pertinence de votre propre point de vue et décidé de l'aligner avec qui vous êtes réellement, vous devez mettre en valeur vos atouts dans l'image que vous avez de vous-même.

**_Exercice_**

Écrivez deux ou trois points que vous voulez imprimer dans votre esprit comme étant votre point de vue sur vous remis à jour.

Regardez-les chaque soir et chaque matin avec l'intention de vous en souvenir et d'agir de la sorte.

Faites cet exercice pendant au moins un mois.

> *L'expérience de Michèle*
>
> Michèle reconnaît en elle le don du travail créatif sur bois. Elle commence à se le répéter et à s'en souvenir. Quelque temps plus tard, une amie lui demande pourquoi elle semble plus lumineuse qu'auparavant. Michèle le lui explique. Son amie lui dit alors qu'elle a entendu parler d'une opportunité d'association dans une petite galerie d'art. Elle suggère que Michèle rencontre la propriétaire.

#### À retenir

Charisme est un mot grec qui signifie « un don de Dieu ». Pour les Grecs, seules quelques personnes avaient du charisme. Chaque personne est potentiellement charismatique. Cela veut dire que chacun a des dons innés. Certains sont doués avec les enfants quand d'autres le sont avec un moteur électrique.

La seule question à se poser est : « Reconnaîtrez-vous ces dons et saurez-vous les transmettre consciemment dans votre image de vous-même ? » Si vous le faites, vous commencerez à développer un charisme lié à ce don et les autres en prendront conscience.

## 5.4 Vérifiez-en la réalité

Cette démarche relève de l'autosuggestion. Toutefois, vous ne voulez pas auto-suggérer ce qui est faux ou trompeur à vos yeux. Donc, une fois que vous avez intégré votre nouvelle image de vous, il est bon d'en vérifier l'authenticité.

| | |
|---|---|
| **Qu'est-ce que cette nouvelle image provoque en moi (en termes d'attitudes, d'émotions, de pensées) ?** | |
| **Est-ce que ceux qui comptent pour moi sont d'accord avec cette image ?** | |
| **Est-ce qu'ils la soutiennent ?** | |

Si oui, le résultat est probant et vous pouvez continuer votre chemin.

Si non, vous avez besoin de revérifier cette nouvelle image et d'en trouver une plus réelle.

*L'expérience de Jean-Luc*

Jean-Luc commence à réaliser qu'il y a différents métiers d'ingénieurs comme de techniciens d'ailleurs. Il peut continuer à mettre en œuvre son expertise tout en étant au contact des clients. En observant autour de lui, il découvre même que cela est recherché. La résultante est qu'il est plus détendu dans son travail : il prend le temps d'écouter tant ses collègues que les clients. Ces derniers sont satisfaits et le font savoir à sa direction.

### À retenir

Vous ne voulez pas vivre dans une illusion. Soyez honnête avec vous-même.

3

CHAPITRE

# Se donner une cible cohérente avec sa spécificité

*« Vendez-vous quand vous pourrez, car vous n'êtes pas une marchandise présentable à tous les marchés. »*

William Shakespeare, *Comme il vous plaira*, acte III

Vous savez qui vous êtes, quelles sont vos passions et vos spécificités. Vous êtes maintenant prêt à déterminer la direction qui vous convient. Une fois celle-ci trouvée, vous prendrez en compte votre environnement pour bâtir votre stratégie. La vision que vous aurez alors de votre futur et la vérification de la cohérence de l'ensemble vous permettront de concrétiser le tout sous une forme « Moi SARL ».

## 1. Trouvez la direction qui vous convient

Quand vous considérez le futur, de nombreux mots viennent à l'esprit : cible, but, vision, objectifs, stratégie, direction, lettre de mission, etc. Le sens de ces termes prête souvent à confusion. Vous utilisez peut-être fréquemment un terme pour un autre. Il est important de les différencier et d'apprendre à les utiliser à bon escient.

Ainsi, si une jeune personne s'adresse à vous et vous dit qu'elle n'est pas sûre de ce qu'elle veut faire dans la vie, quel conseil lui donnerez-vous pour commencer ? Lui demanderez-vous quel est son but ? Quelle vision a-t-elle de son avenir ?

Mais comment peut-elle vous répondre si elle n'est pas sûre de là où elle doit aller ? Vous pouvez lui dire que dans toute croisée des chemins, la première chose qu'elle doit faire est de définir son « vrai NORD ».

Selon le modèle N.E.W.S., il faut d'abord s'intéresser à son « NORD » et l'aider à répondre à des questions telles que :

– Où allez-vous ?
– Quels sont vos buts ?
– Quelle est votre vision du futur ?
– Quelle est votre prochaine étape ? Sur quoi cette décision est-elle basée ?
– Quelles sont vos intentions ?

Ces questions sont fondamentales en auto-navigation. Pourtant, très souvent, vous ne leur prêtez pas suffisamment d'intérêt et de temps.

> Je travaillais un jour avec un groupe de cadres confirmés dans une grande entreprise publique. Je rencontrais alors le directeur des opérations, responsable de 4 000 personnes, en poste depuis 24 ans. Je lui demandais comment il avait choisi ce travail et cette entreprise. Il me raconta l'histoire suivante : « À la fin de mes études universitaires, j'ai appris qu'une banque recherchait de futurs managers. Je devais prendre l'autobus pour aller à un entretien de recrutement. À l'arrêt d'autobus, quelqu'un m'a dit que sa compagnie (celle où je suis ici aujourd'hui) recrutait également et qu'elle payait bien. J'ai pris un autre autobus pour m'y présenter et m'y voici depuis 24 ans. » Il ajouta : « Je me demande ce qui se serait passé si j'étais allé à l'entretien initialement prévu dans l'autre banque. »

Ceci est une illustration du peu d'attention que vous consacrez peut-être à l'une des plus importantes questions dans votre vie : où dois-je aller ?

La navigation dans votre « vrai NORD » débute toujours avec la question de la direction. Il s'agit du domaine dans lequel vous voulez évoluer.

Cela peut concerner aussi bien le développement de votre carrière que votre style de vie.

> *Les expériences de Jean-Luc et Michèle*
>
> Jean-Luc : Dois-je rester dans une direction technique ou changer pour un poste alliant technique et relation clientèle ?
>
> Michèle : Dois-je rester dans ce travail ennuyeux ? Dois-je choisir la direction de mon épanouissement artistique ?

Cette prise de décision sur votre avenir est primordiale. Toutes les autres questions viennent après. Votre vision et vos buts doivent être cohérents avec votre propre direction. Sinon, ils deviennent des buts

« autonomes » qui ne sont pas réellement en connexion avec vous. Ils risquent même de vous conduire à une impasse.

> Lors d'un coaching, un coaché me dit que son objectif était de posséder un 4 x 4 sympa et original. À la question « pourquoi ? », il me répondit : « Parce que tous mes amis en ont un. »
> Ceci est très différent d'une autre personne qui dirait : « Toute ma vie, j'ai aimé voyager, plus particulièrement dans les déserts, à la recherche de lieux isolés pour y étudier la nature. Maintenant, je rêve d'un nouveau 4 x 4 adapté pour faire le tour du désert du Kalahari. »

Pour choisir votre direction dans le futur, vous pouvez utiliser l'un des deux modèles suivants :

– un basé sur une motivation interne ;

– ou un autre basé sur une motivation externe.

Une direction basée sur la motivation interne peut être aussi appelée « modèle d'accomplissement de soi ». Elle est en adéquation avec la valeur qui vous est propre (voir chapitre 2).

Une direction basée sur une motivation externe peut être assimilée à « un modèle de survie ». Elle est basée sur des facteurs externes (« modèle de survie »), dictée par l'environnement extérieur et est en lien avec les questions suivantes :

– quels sont les avantages que j'y trouve (revenu, aspects pratiques…) ?

– sur quoi suis-je prêt à transiger pour les obtenir ?

– en quoi ne suis-je pas trop mauvais pour me permettre de les remplir ?

Quand vous vous engagez dans une telle direction, votre motivation diminue au fil du temps et votre contribution est, au mieux, médiocre.

Quand vous regardez la direction prise par votre carrière ou votre vie personnelle, est-ce à votre avis plus un modèle d'accomplissement de soi ou un modèle de survie ?

## À retenir

Quand vous parvenez à atteindre un but « autonome » (sans profonde connexion avec vous-même), vous vous sentez assez rapidement sans contentement, voire insatisfait, et vous recherchez un nouveau but excitant.
À l'opposé, quand vous réussissez à parvenir au but que vous vous étiez fixé dans la ligne de votre « direction », vous ressentez une profonde satisfaction, vous êtes empli de contentement et avez le sentiment de progresser.
C'est cela qui fait toute la différence.

> *L'expérience de Michèle*
>
> Michèle vit dans un modèle de survie avec son travail actuel. Elle l'a choisi originellement pour des circonstances externes. Sa nouvelle direction (atelier d'art sur bois) est plus alignée en interne avec ses passions, ses compétences et la valeur qui lui est particulière.

Comment trouver une direction orientée vers votre propre excellence ?

Le « modèle pratique » qui repose sur votre excellence se situe à l'intersection de deux questions :

– Par quoi êtes-vous passionné ?

– Quels sont vos dons naturels ?

Que trouve-t-on à l'intersection des deux cercles ? Quelle direction pouvez-vous en déduire ?

Ultérieurement, ces données vous permettront d'établir le « modèle stratégique » qui vous permettra de tirer parti des éléments contenus dans les deux questions ci-dessus.

Les réponses à ces questions doivent venir du plus profond de vous-même.

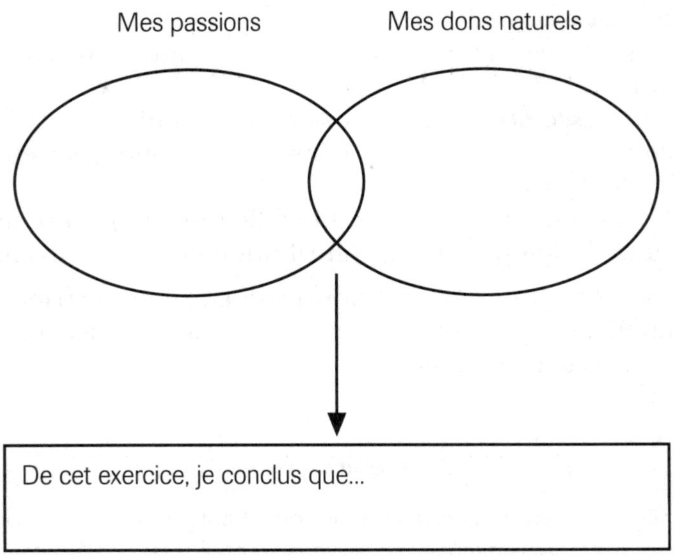

## À retenir

Quand vous vous engagez dans une telle direction, votre motivation est élevée, votre contribution est forte. Cela vous conduit à un succès à long terme.

À titre d'exemple, en termes de passions et de dons naturels, vous pouvez citer des activités importantes pour vous, telles que travailler avec :

– des personnes : aider, partager, tutorer… ;
– des données : gérer des projets, travailler avec des nombres… ;
– du concret : bâtir, travailler en extérieur… ;
– du pouvoir : manager, motiver, atteindre des objectifs… ;
– des idées : créer, émettre des hypothèses… ;
– un système : suivre des procédures…

*L'expérience de Jean-Luc*

Jean-Luc fait cet exercice.

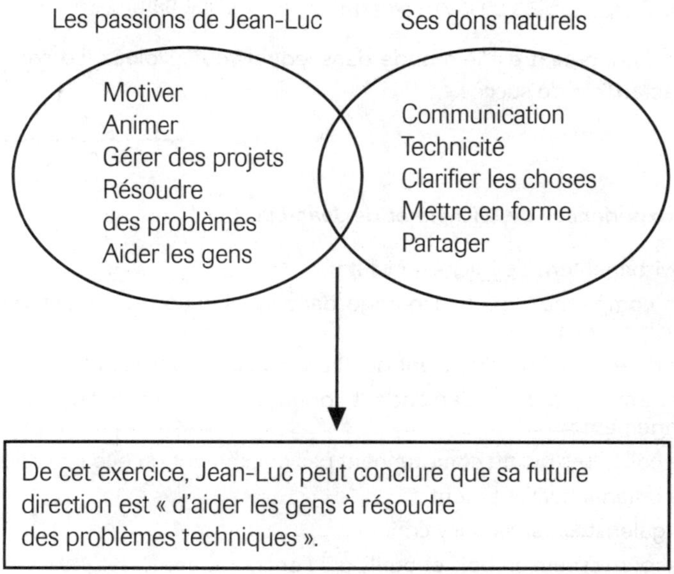


Cela le conforte dans sa décision de demander sa mutation au département « relation clientèle », qui traite à la fois l'avant-vente (élaboration du cahier des charges techniques des besoins du client) et de l'après-vente (résolution des problèmes et mise à jour des produits et services).

### À retenir

Un modèle basé sur votre motivation interne (ou modèle d'accomplissement de soi) peut être moins aisé à définir et peut nécessiter plus de recherche et de développement qu'un modèle basé sur la survie. Il est cependant plus riche et plus fort en termes de contribution.

## 2. Analysez votre environnement

Une fois que votre future direction est claire pour vous, il est temps de prendre en compte l'environnement dans lequel vous évoluez.

Dans le milieu professionnel, celui-ci est constitué de votre entreprise en tant que telle, de votre encadrement, de vos collègues, collaborateurs, clients…

Dans votre vie privée, il inclut votre famille, vos amis, vos parents, vos voisins, votre vie sociale…

### À retenir

Votre environnement est le monde dans lequel vous évoluez. Le comprendre est un facteur clé de succès.

***Les expériences de Michèle et de Jean-Luc***

L'environnement de Michèle inclut :

- son compagnon qui l'encourage dans sa direction d'évoluer vers le domaine de l'art ;
- ses parents qui préféreraient qu'elle garde un travail sûr et régulier ;
- ses amies qui se demandent pourquoi elle veut faire un tel changement ;
- ses collègues qui ne comprennent pas et estiment qu'elle « déraille » ;
- ses enfants qui l'appuient ;
- les galeristes visités qui y croient ;
- ses fournisseurs en bois et outils qui l'encouragent…

Avant de changer, Michèle a besoin de réfléchir à ces messages, de décider ce qu'elle va faire et comment.

Pour Jean-Luc, la situation est différente. Son entreprise connaît un vaste mouvement de réorganisation. De nombreuses personnes changent de poste, d'autres sont licenciées. Son responsable direct a changé de poste et travaille maintenant dans une autre division. La plupart de ses collègues sont inquiets à propos de leur futur au sein de la société.

Il est clair que Jean-Luc doit prendre en compte ces facteurs en planifiant ses prochaines actions.

Il existe de nombreux outils pour analyser votre environnement. En voici deux : la « carte politique » et le « cycle de vie de l'organisation » (ou « cycle de vie organisationnel »).

### *La carte politique*

Dessinez un diagramme en vous plaçant au centre et représentez autour de vous tous ceux qui sont impliqués, à un titre ou à un autre, dans la situation présente. Ces derniers sont positionnés plus ou moins près de vous en fonction de leur place dans cet enjeu.

Mettez :
– un signe « + » à ceux qui vous encouragent ;
– un signe « - » à ceux qui vous découragent ;
– un « 0 » à ceux qui sont indifférents.

Cela donne une carte de votre environnement et l'équation des « pour » et des « contre » que vous devez prendre en compte.

*L'expérience de Michèle*

Michèle peut utiliser une telle carte pour placer les personnes qui l'entourent.

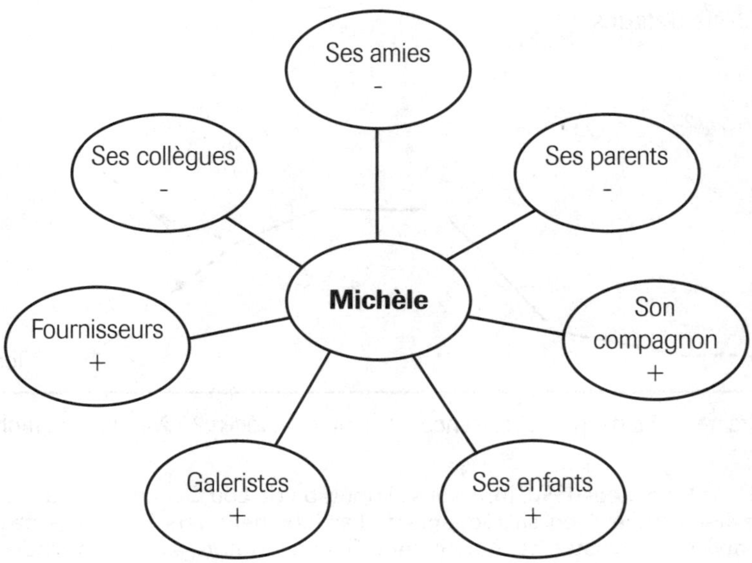

### *Le cycle de vie organisationnel*

Toute organisation (service, département, entreprise…) vit un cycle de changement et de développement.

En voici un exemple :
– Étape 1 : graine = l'affaire (entreprise, département…) est au stade du concept.
– Étape 2 : start-up = son démarrage est chaotique et suscite plein d'enthousiasme, d'activité et d'apprentissage.
– Étape 3 : croissance = en grandissant, l'entreprise favorise l'émergence de nouvelles idées, de nouvelles initiatives qui entraînent la croissance des ventes, de la production… Les actions commencent à être organisées.
– Étape 4 : maturité = elle entre dans une phase de croissance régulière. Son fonctionnement est structuré, avec des plans, des budgets, un département des Ressources humaines…
– Étape 5 : déclin = elle est maintenant ancrée dans son marché. Il y a de moins en moins de nouvelles idées ou d'initiatives. Le fonctionnement est bien réglé, avec un minimum de changements.
– Étape 6 : rajeunissement ou phase bureaucratique ? Elle est confrontée à un dilemme : soit elle arrive à susciter en son sein de nouvelles idées, de nouveaux projets ou produits et peut ainsi reprendre sa croissance, soit, si elle en est incapable, elle devient une coquille vide bureaucratique et meurt lentement.
– Étape 7 : nouvelle maturité ou mort.

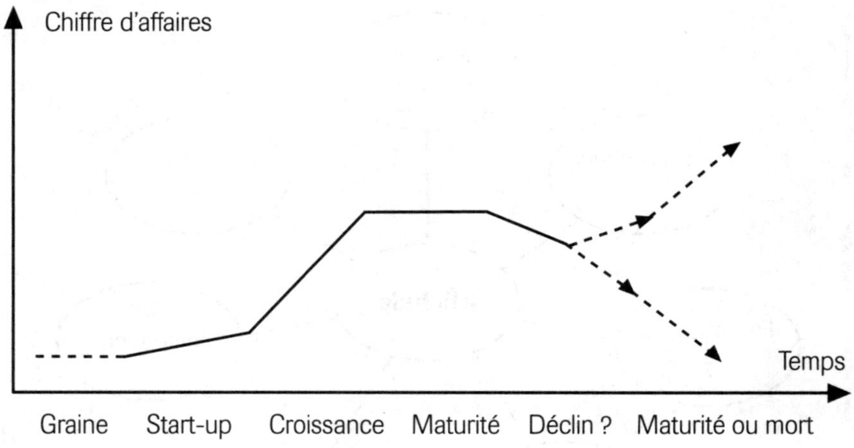


Dans les années 1990, IBM, sous l'impulsion de Lou Gerstner, a réussi à éviter l'étape 6 en se réorientant drastiquement vers l'industrie des services informatiques. Aujourd'hui, General Motors, et, à un moindre degré Microsoft, sont confrontés au même challenge.

Il est important pour vous d'analyser dans quelle phase se trouve votre entreprise. Cela vous donne de nombreuses informations sur ce qui est possible pour vous et le meilleur moment pour initier votre prochain changement.

> *L'expérience de Jean-Luc*
>
> Jean-Luc doit analyser finement le cycle de vie organisationnel de son entreprise. Par exemple, son entreprise peut se réorganiser parce qu'elle veut éviter la phase 5 (déclin). Cela signifie que l'organisation se restructure en phase 5 et qu'un changement de poste est risqué (le nouveau poste a-t-il un avenir ? Est-il perçu avec une forte valeur ajoutée ?). À l'opposé, si elle réussit sa réorganisation et entre dans une phase 6 de remise en cause, par exemple, avec des clients plus exigeants et plus à même d'imposer leur volonté, le choix de Jean-Luc peut être non seulement bon pour lui, mais aussi stratégique au niveau de l'organisation puisqu'il sera proche des vrais décideurs (les clients).

**À retenir**

L'analyse de votre environnement permet de décider de la meilleure façon de mettre en œuvre une stratégie d'application de votre choix de direction.

## 3. Bâtissez votre modèle stratégique

Le terme « stratégie » trouve son origine dans le grec ancien « *strategos* », qui signifie « l'art de conduire l'armée » (« *stratos* » (armée) et « *agein* » (conduire)). Autrefois, pour diriger la bataille, le chef se positionnait sur une colline d'où il pouvait voir l'ensemble de la plaine et ainsi être à même de prendre les décisions de mouvement. Par analogie, la stratégie sous-entend l'idée d'avoir une large vision de la situation pour prendre les décisions adéquates. Lorsque vous connaissez votre direction et avez analysé votre environnement, vous pouvez alors bâtir votre modèle stratégique.

Celui-ci comprend les mouvements, le calendrier, les personnes et les étapes qui vont vous permettre de vous mouvoir dans la bonne direction compte tenu de votre environnement.

### Exercice

Définissez votre propre modèle stratégique pour votre prochaine étape en prenant en compte votre direction et votre environnement.

| Étapes | Actions | Calendrier | Personnes impliquées |
|---|---|---|---|
| | | | |
| | | | |

*L'expérience de Jean-Luc*

La stratégie de Jean-Luc est de postuler *via* le département des Ressources Humaines pour un poste d'encadrement au service Relation clientèle, en s'appuyant sur le mouvement de réorganisation en cours. Il sait qu'il peut bénéficier de l'appui de son ancien responsable qui occupe maintenant un poste clé dans l'entreprise. Il a aussi compris que les clients ont de plus en plus d'influence et qu'il pourra jouer un rôle clé, compte tenu de ses bonnes relations avec eux. Ce changement peut être un tremplin pour sa carrière.

| Étapes | Actions | Calendrier | Personnes impliquées |
|---|---|---|---|
| Obtenir l'appui de mon responsable et de mon épouse | Le rencontrer | Dans la quinzaine | Mon responsable direct<br>Ma femme |
| Avoir des informations sur la réorganisation | Rencontrer des personnes informées (encadrement, délégués du personnel…) | Dans le mois | RH<br>Hiérarchie<br>Syndicats |
| Clients | Avoir des retours de la contribution | Dans le mois | Les 4 derniers clients auprès desquels je suis intervenu |
| RH | Présenter ma demande d'abord de manière orale | Dans un mois au plus tard | DRH + responsable de ma division |
| Prise de poste | Organiser la transition avec mes responsabilités actuelles + préparer la prise de poste future | Dans les 3 mois | Responsable actuel<br>Futur responsable |
| Intégrer ce nouveau mode de vie | Déménagement | Trois à six mois ? | Famille |

À retenir

Le modèle stratégique permet de tracer les premières grandes lignes de votre action. Votre projet commence alors à prendre forme.

## 4. Créez une vision concrète de votre futur

Une vision est une image nette d'une réalité alternative dans le futur. Elle peut inclure des images, des sons et même des odeurs. En pratique, plus vous faites appel à vos sens dans l'élaboration de votre vision, plus votre cerveau peut se projeter dans le futur. Les grands leaders ont et transmettent une vision convaincante du futur de leur pays ou de leur entreprise. Cette vision devient si attractive que de nombreuses personnes la suivent.

Votre objectif, maintenant, est de créer une vision concrète, une image nette de la réalité future en ligne avec votre direction. Ainsi votre vision devient-elle partie intégrante de votre progression et non une vision « autonome ».

La plupart des gens n'ont pas une vision claire de leur futur. Ils sont trop inquiets ou absorbés par le présent. Ils s'inquiètent, par exemple, des risques d'échecs ou de l'énergie qu'ils devront dépenser pour y parvenir. Une des principales raisons à cela est qu'ils ne font pas appel à leur imagination. Or, la vision est un produit de l'imagination.

L'hémisphère droit et l'hémisphère gauche de notre cerveau ont un rôle distinct en termes de mode de pensée, en complément de leur rôle moteur :

– l'hémisphère droit gère la dimension artistique, la créativité, l'imagination, la vue globale, le regard holistique et les sentiments ;
– l'hémisphère gauche est responsable de la pensée logique et linéaire, du raisonnement, de l'esprit pratique, de l'analyse des détails…

La plupart des systèmes éducatifs accordent une grande importance à l'entraînement de l'hémisphère gauche, avec les mathématiques, l'informatique, la physique, la gestion, l'ingénierie, les langues… Il en ressort qu'à la fin de leur formation, la plupart des personnes n'ont pas développé l'imagination fertile requise par la vision.

Si vous pensez être plutôt orienté « hémisphère droit », voici un exercice qui vous conviendra. Imaginez mettre en œuvre votre stratégie et développer une vision de votre réalité future. Pour cela, décrivez une semaine de votre vie dans 3 ans. Que faites-vous ? Où êtes-vous ?

Comment les autres vous voient-ils ? Quel est votre agenda ? Faites en sorte que cette description soit vivante et colorée.

> *L'expérience de Michèle*
>
> Michèle écrit : « Je me trouve dans une galerie d'art du village. C'est très beau, plein d'objets artistiques, dont les miens. Les visiteurs sont nombreux. Ils sont très intéressés par le travail des objets. Ils posent de nombreuses questions. Quelques-uns en achètent. À midi, nous recevons un groupe de touristes américains venus spécialement pour cela. Nous sommes très occupés et prospères. Les gens nous disent se sentir à l'aise dans notre galerie. Ils boivent notre vin local et l'apprécient. »

Si vous êtes plutôt orienté « hémisphère gauche », vous pouvez utiliser un autre type d'exercice pour créer votre vision. Écrivez un rapport qui résumera vos résultats de l'année N + 3, c'est-à-dire dans 3 ans à compter de maintenant. Précisez la situation financière, les principales réalisations, la situation en termes de ressources humaines… Le tout doit être pratique, détaillé et prendre en compte l'hypothèse optimale en termes de situations.

> *L'expérience de Jean-Luc*
>
> Jean-Luc écrit : « Je suis à la tête du département Relations clients. Mon département sert en avant-vente et en après-vente tous les clients. Mon équipe compte 3 managers et 30 collaborateurs. Nous sommes installés dans le nouveau siège de notre entreprise, construit l'année dernière. Notre compte de résultat est positif. Le département génère un revenu de 30 millions d'euros. Notre principale réalisation cette année est le nouveau logiciel de gestion intégrée qui nous permet de mieux servir nos clients. Nous avons reçu l'année dernière le trophée du meilleur service client dans notre profession. Cela contribue non seulement à fidéliser nos clients, mais aussi à attirer de nombreux prospects. »

### À retenir

Le fait d'avoir une véritable vision vous donne de l'énergie, de l'enthousiasme, un but et de l'espoir.

## 5. Vérifiez la cohérence de l'ensemble

Avec votre nouvelle vision, vous pouvez maintenant vous « marketer » en fonction de votre futur rôle. Cela vous permet de vous positionner, ainsi que vos idées, plus facilement. Vous pouvez maintenir devenir « Moi SARL », votre propre et unique marque, orientée vers votre propre excellence et avec votre valeur spécifique.

| | |
|---|---|
| **Mon principal produit ou service dans le futur sera...** | |
| **Ma principale cible sera... (interne ou externe à l'entreprise)** | |
| **Ma contribution spécifique sera...** | |

*Les expériences de Michèle et de Jean-Luc*

Michèle : « Je créerai des gravures sur bois spéciales pour des collectionneurs d'art. Elles seront fabriquées et vendues dans une galerie-atelier au décor rustique. »

Jean-Luc : « J'animerai des équipes du département Relations clients. J'offrirai un support et une interface de qualité aux clients dans le domaine de la relation client. Ma contribution spécifique sera d'apporter une expertise technique tout au long de la chaîne client. »

### À retenir

Ceci conclut votre travail dans la partie « NORD » de N.E.W.S.
Maintenant, vous disposez d'une boussole : vous savez dans quelle direction aller. Votre chemin est clair.

4

CHAPITRE

# Se libérer des freins à la réussite

*« Décider d'une chose implique toujours de renoncer à une autre. »*
Irvin Yalom

Vous savez maintenant ce que voulez (et ne voulez pas). Vous avez pris conscience de ce qui vous rend « unique », vous avez défini votre cible et vos objectifs. Cela représente votre « NORD ».

« Me voilà prêt », pouvez-vous vous dire. Oui, mais maintenant, au bord du chemin, des questions, des doutes, des hésitations vous assaillent. Comment faire la part des choses ? Comment lever ces freins ? Selon le modèle N.E.W.S., ceci est votre « SUD ».

Pour répondre à ces questions, vous devez passer par quatre étapes : la première est de comprendre comment vous « fabriquez » vos freins. La deuxième est de les identifier. La troisième, de prendre le temps de faire le point sereinement sur ceux-ci (et de les relativiser). Enfin, la quatrième et dernière étape consiste à repérer un type de frein fortement ancré en vous : vos croyances limitantes.

À la fin de ce chapitre, vous aurez identifié ce qui vous limite dans la réalisation de votre projet et levé ainsi tout ou partie de ces barrières.

Le travail que vous allez accomplir ici ne porte donc pas sur l'ensemble de vos freins, croyances limitantes, blocages, peurs, etc., mais se concentre sur ceux qui limitent l'accomplissement de votre vision, de votre « NORD ».

## 1. Comment créez-vous votre réalité ?

Vos réflexions mêlent confusément faits et émotions, pensées négatives et positives. Un sujet peut vous paraître une opportunité alors que votre voisin le voit comme un risque. Comment créez-vous alors votre réalité ? Quels sont les éléments qui « colorent » votre regard ?

### 1.1 Le « Modèle du Diamant »

Les neurosciences enseignent que chaque homme a trois cerveaux.

Le premier, situé en arrière du crâne, est proche des terminaisons nerveuses. Ce cerveau, commun tant à l'homme qu'aux espèces animales, est souvent appelé cerveau reptilien. C'est le cerveau des réflexes, celui qui vous fait réagir instantanément quand vous touchez une plaque brûlante, par exemple. Ces réflexes sont soit innés, soit acquis par l'expérience. Ils sont profondément ancrés en vous et demandent beaucoup d'efforts pour être modifiés.

Le deuxième, situé au centre de la boîte crânienne, est le cerveau limbique. C'est le centre des émotions, celui dans lequel se construisent nos perceptions et nos ressentis.

Enfin, dans votre front se trouve le plus récent (en termes de développement) des cerveaux : le cortex, siège de la pensée rationnelle.

Vos perceptions de la réalité passent donc d'abord par le cerveau reptilien puis le limbique avant d'arriver au cortex. Il en ressort que vos pensées ne font en général que traduire de manière rationnelle ce que vous ressentez.

Le Modèle du Diamant (modèle développé par Aviad Goz) illustre cette démarche.

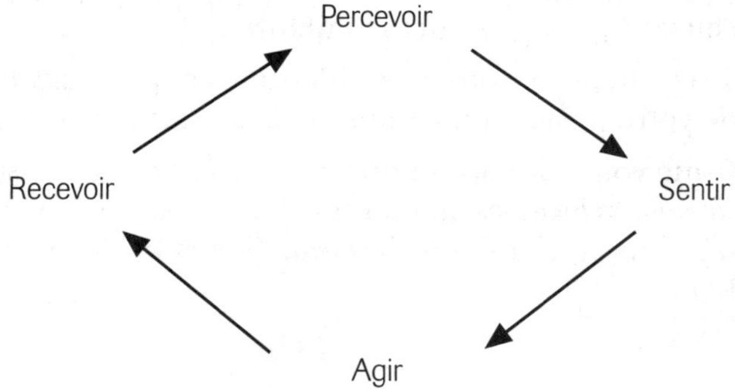


Vous percevez la réalité en écoutant, lisant et/ou voyant. Celle-ci va se traduire en sensations que vous allez rationaliser. Les sensations vont vous conduire à agir (ou non). Le retour de vos interlocuteurs (ou de votre environnement) sur votre attitude ou vos paroles vous donnera une nouvelle vision de la réalité. La boucle repart…

> Vous demandez à un ami de vous aider à accomplir une tâche. Avant même qu'il vous réponde oralement, vous percevez par son attitude non verbale (gestuelle, mimique, etc.) son ressenti à ce sujet (il vous dit « oui », mais cela l'ennuie, par exemple). Cela peut se traduire chez vous par de la gêne ou de la joie et cela influe sur la suite de votre discours. Or, votre ami peut avoir des attitudes non verbales différentes des vôtres, d'où des risques de mésinterprétation et de quiproquo. Ainsi, en Asie, il est de coutume de ne jamais dire « non » à quelqu'un. Les langues locales offrent un éventail de sept ou huit accents qui donnent au « oui » une série de sens allant du « oui » franc et massif au « non » ferme. Cela est clair pour ceux qui parlent la même langue maternelle. Mais un étranger aura du mal à en comprendre la subtilité, surtout si la discussion a lieu dans une langue étrangère pour tous les deux.

**À retenir**

Nombre de vos pensées ne traduisent en fait que votre interprétation des émotions.

## 1.2 Comment percevez-vous et ressentez-vous votre situation actuelle ?

Vous pouvez adapter ce modèle pour analyser votre croisée des chemins. Il est en effet important, avant de travailler sur votre « SUD » (la levée de vos freins), que vous preniez conscience des perceptions et sensations que vous éprouvez. Vos freins sont peut-être des peurs associées à des expériences passées ou liées à un goût trop grand pour la perfection.

### *Autodiagnostic*
### *Qu'est-ce qui vous freine ?*

Répondez honnêtement à ce questionnaire. Il s'agit de vous, il est pour vous et est destiné à vous aider à mieux comprendre ce qui vous freine (à juste titre ou non).

| | |
|---|---|
| **Comment décrire ma croisée des chemins ?** | |
| **Quelle est la distance qui me sépare de celle-ci ?** | |
| **Qu'est-ce qui m'empêche de réaliser ma vision ?** | |

Quelques questions à vous poser sur vos réponses :
– Comment appréciez-vous la distance qui vous sépare de votre vision ? Est-ce une notion de temps (5, 12, 18 mois) ? De moyens (financiers, par exemple) ? Ou est-ce plutôt un rêve qui flotte sans réelle mesure possible ?
– Qu'est-ce qui vous empêche de réaliser cette vision ? Des éléments objectifs (argent, délais légaux...), émotionnels (risque associé), voire irrationnels (peur) ? Un ensemble de cela ?
Une fois cette première étape franchie, choisissez la cause de la peur (ou d'échec, d'hésitation, etc.) qui vous semble la plus importante.

| | |
|---|---|
| **Un exemple d'échec qui pourrait arriver à cause de cela** | |
| **Quelles sont les peurs qui y sont associées ?** | |
| **Si je poursuis mon objectif (ou rêve), qu'est-ce qui va m'arriver ?** | |

Ce qui est important d'expliciter, c'est ce qui se trouve derrière cette peur : la peur d'une sanction ? Le rappel d'un souvenir passé ?

Votre réponse est une bonne piste pour identifier vos croyances limitantes (voir « Changez vos paradigmes », p. 99).

*L'expérience de Jean-Luc*

Jean-Luc est maintenant convaincu qu'il ne souhaite pas rester un pur « ingénieur système ». Au moment de prendre sa décision et d'en parler à son responsable, il hésite et tergiverse. Pour surmonter cela, il remplit son questionnaire sur sa perception de la situation.

| | |
|---|---|
| **Comment décrire ma croisée des chemins ?** | Je dois faire clairement savoir que je veux évoluer vers un poste « Relations client », sinon je vais être « coincé » dans la technique. C'est un moment important car, dans 2 ou 3 ans, un tel changement sera difficile, parce que peu compréhensible par mes interlocuteurs. |
| **Quelle est la distance qui me sépare de celle-ci ?** | En termes de calendrier, j'ai 2 mois pour en faire part à ma direction. En termes de compétences, c'est mon savoir-faire qui pêche dans le domaine de la relation client, notamment en termes de négociation (mais cela est compensable). La vraie distance est plutôt celle que je dois prendre par rapport à toutes mes décisions passées (et qui m'ont conduit là où je suis). Il faut que je sois clair dans ma tête. |
| **Qu'est-ce qui m'empêche de réaliser ma vision ?** | Ma direction a besoin de moi ailleurs et je vais mettre ma famille en danger. |
| **Un exemple d'échec qui pourrait arriver à cause de cela** | Je peux faire déménager ma famille, faire quitter son emploi à ma femme et ne pas réussir dans le mien. |
| **Quelles sont les peurs qui y sont associées ?** | La peur de décevoir mon conjoint et, plus largement, ma famille qui est fière de me voir réussir dans la technique pure. |
| **Si je poursuis mon objectif (ou rêve), que va-t-il m'arriver ?** | Je pense convaincre ma direction. Ma vie de famille risque d'être bouleversée durant quelques mois (je devrai m'absenter toute la semaine). À l'horizon d'un an maximum, l'enjeu sera de la faire déménager. |

### À retenir

La découverte de ce qu'il y a derrière votre (vos) peur(s) est une bonne piste pour identifier vos croyances limitantes.

## 1.3 Quels sont vos filtres ?

Selon le « Modèle du Diamant », vous agissez en fonction de ce que vous ressentez. Ces actions induites par vos émotions peuvent aboutir à des résultats surprenants (dans le bon ou le mauvais sens du terme) ou conformes à vos attentes. Quels sont-ils ? Qu'espérez-vous ?

| | |
|---|---|
| **Mon ressenti dans cette situation me fait agir ainsi :** | |
| **Quels sont les résultats que j'attends en retour ?** | |
| **Et si ceux-ci diffèrent de mes attentes ?** | |

Cette partie est importante pour bien apprécier votre énergie et vos freins :

– Allez-vous, dans cette situation, être plutôt proactif ou fataliste ? Vous pouvez ressentir des craintes et en même temps agir avec détermination pour franchir l'obstacle. Vous pouvez au contraire être en confiance et vous laisser porter. Est-ce par tempérament ou simplement parce que vous n'avez pas le contrôle des événements ?

– Êtes-vous plutôt optimiste ou prudent dans cette croisée des chemins ? Parfois, vous êtes tellement dans votre projet que vous pouvez en perdre le sens des réalités.

– Quel est votre mode de réaction (prévisible) si ces résultats diffèrent de vos attentes ? Peut-être êtes-vous enclin à l'abattement, au repli ou au contraire au sursaut d'orgueil qui vous fait réagir.

*L'expérience de Michèle*

Michèle est encore fragilisée par son divorce. Même si elle a retrouvé un certain équilibre émotionnel, elle a peur de perdre ses ressources financières et d'être dépendante. Comme elle n'est pas une grande « proactive », son historique et les expériences vécues lui font analyser sa situation au travers de filtres qui lui sont propres.

| | |
|---|---|
| **Mon ressenti dans cette situation me fait agir ainsi :** | Je me suis fait plaisir en réalisant des gravures sur bois. Cela plaît aux gens tant qu'ils n'ont pas à les acheter. Mon travail est celui d'un amateur. Je ne suis pas à la hauteur d'un professionnel. Je l'ai constaté lorsque j'ai montré mon travail à quelques galeries. Même si les réactions étaient positives, voire enthousiastes, je montrais mes réalisations avec crainte et presque avec honte. |
| **Quels sont les résultats que j'attends en retour ?** | Je serais (presque) soulagée si les propriétaires de galeries me disaient que c'était bien, mais invendable. Je garderais mon emploi et continuerais à faire des gravures durant mes heures de loisirs. |
| **Et si ceux-ci diffèrent de mes attentes ?** | Si les propriétaires de galeries estimaient cela vendable, gagnerais-je suffisamment d'argent pour en vivre ? Je ne veux plus dépendre de quelqu'un. |

Il en est de même pour chacun d'entre vous. Quels sont vos filtres ? À quoi sont-ils associés ? Quels messages vous envoient-ils ?

À retenir

Prenez conscience de la réalité que vous créez. Cela vous permettra d'aller plus loin en élargissant votre regard.

## 2. Découvrez vos principales inhibitions

Lorsque vous commencez à progresser dans votre direction personnelle (« NORD ») et dans la réalisation de votre vision (« OUEST ») (voir chapitre 6, p. 117), toutes sortes de forces viennent exercer des pressions sur vous et vous détournent de la direction choisie.

Ces forces représentent vos inhibitions, vos blocages. L'écart entre ce que vous voulez faire et ce qui vous limite vous remplit du sentiment de culpabilité des opportunités manquées, de frustrations, du ressenti de temps gaspillé et de colères. Cela représente votre « SUD ».

Pour travailler à surmonter ces inhibitions, il faut d'abord apprendre à les reconnaître et à distinguer celles qui relèvent de votre histoire de celles qui émanent de votre perception des difficultés.

### 2.1 Savoir les reconnaître

Les filtres de perception peuvent prendre plusieurs formes non exclusives qui peuvent s'entremêler :

– l'image que vous avez de vous-même : « je suis trop âgé », « je suis capable d'y arriver » ;

– l'image que vous avez de votre projet : « je ne suis pas sûr que c'est ce qui me convient », « avec moins de 100 000 euros, on peut se lancer » ;

– l'image que vous projetez sur les autres (et leur regard supposé sur vous) : « ils croient en moi », « personne ne me soutiendra »…

Vous noterez qu'il y a deux sortes de filtres : d'un côté, ceux qui vous donnent de l'énergie, vous encouragent et vous stimulent. De l'autre, ceux qui vous « enferment », vous limitent, vous freinent sont vos croyances limitantes. Ce sont des « voleurs d'énergie » : dès qu'une telle image se forme, il se produit un combat en vous, entre les pensées qui vous susurrent : « Vas-y ! Tu peux le faire ! » et celles qui vous répètent inlassablement : « À quoi bon ? De toute façon… ! » Quel qu'en soit le résultat final, cela se traduit invariablement par un manque en énergie positive.

### *Autodiagnostic*
### *Les attitudes inhibitrices*

Complétez les phrases suivantes. Le projet est l'objectif que vous vous êtes donné dans le « NORD ».

Dans ce projet…

| |
|---|
| **Je ne suis jamais…** |
| **Mon problème est…** |
| **Ce qui me tracasse vraiment est…** |
| **Ce qui me fait peur…** |
| **Je n'ai pas d'autre choix que…** |
| **Si j'avais…, alors je ferais…** |

La liste de réponses possibles est infinie : « je ne suis pas assez compétent », « je n'ai pas le temps d'y réfléchir », « ma famille va être en danger »…

Certaines de vos réponses sont liées à un état de stress causé par la croisée des chemins. D'autres peuvent être en relation avec votre histoire.

### Pour aller plus loin
### Quelle histoire aimez-vous vous raconter ?

Il existe trois grands types d'histoires que nous nous racontons[a] :

– « Ce n'est pas de ma faute. Je ne comprends pas que cela puisse m'arriver. » Cela induit un sentiment d'ignorance et de non-culpabilité apparente. En fait, vous confiez la responsabilité au hasard, à autrui, aux événements. Cela dégage votre propre responsabilité et vous pousse à la passivité (voir chapitre 1).

– « C'est de leur faute. On fait cela contre moi parce qu'on ne m'aime pas. » Dans ce cadre, vous avez un sentiment de supériorité. Vous pouvez faire preuve d'agressivité vis-à-vis d'autrui.

– « Je ne peux rien faire contre cela. Je n'ai pas le choix. » C'est un constat d'impuissance, de soumission à quelqu'un ou à une autorité (la loi, le règlement), la passivité complète.

a. Patterson, Grenny, McMillan, Switzler, *Crucial Conversations*, McGraw-Hill, 2002.

Vous observez qu'avec ces histoires, vous vous réfugiez dans la fuite ou au contraire dans l'agressivité :

– la fuite ou le retrait peuvent se traduire non seulement par une attitude de silence, mais aussi par de vaines excuses, de la procrastination (report à un autre moment) ou bien encore de l'évitement (sous un prétexte quelconque). L'un des messages les plus courants est « Je ne suis pas assez bon », mettant celui qui s'y réfère en position de faiblesse vis-à-vis de la situation ou de son interlocuteur ;

– l'agressivité se traduit par de l'attaque (cela peut être par le ton employé) ou un mauvais contrôle de soi (des tremblements nerveux, par exemple).

**À retenir**

D'où viennent les histoires que vous vous racontez ? De votre personnalité ou de votre histoire personnelle ?

## 2.2 Les croyances limitantes liées à votre histoire

Les croyances dont nous parlons ici ne sont ni vos croyances religieuses, ni vos croyances politiques. Ce sont celles qui se rapportent à vous-même et à vos capacités.

D'autres causes de freins peuvent être liées à des événements, situations, personnes rencontrées par le passé. Certaines personnes (un parent, un ami, un enseignant…) vous ont influencé et conduit (volontairement ou non) vers le chemin que vous avez pris jusqu'ici (voir chapitre 2).

Certaines peuvent avoir eu des influences positives (les « promoteurs ») et d'autres négatives (les « détracteurs »). Qui n'a pas rencontré, dans son parcours scolaire, un enseignant qui lui a dit « Tu n'y arriveras pas ! » (ou l'inverse). Pour certains, ce message a été un révélateur (« Je vais lui montrer ce dont je suis capable ») et pour d'autres un frein (« Il a peut-être raison ! »).

Voici quelques questions à vous poser :

| | |
|---|---|
| **Quels sont les éléments extérieurs à moi-même qui me bloquent ?** | |
| **Qu'est-ce qui, venant de moi, me freine ?** | |

| | |
|---|---|
| **Quelles sont les histoires que je me raconte et qui me freinent toujours ?** | |
| **Quelles sont les origines de ces histoires ?** | |
| **Quel est le lien entre ce projet et mon passé ?** | |

*L'expérience de Jean-Luc*

Jean-Luc décide d'aller plus loin et de comprendre ses hésitations.

| | |
|---|---|
| **Quels sont les éléments extérieurs à moi-même qui me bloquent ?** | La situation professionnelle de ma femme. |
| **Qu'est-ce qui, venant de moi, me freine ?** | Ma peur de trahir la confiance placée en moi par ma famille, celle de continuer la lignée de gens de recherche ou de savoir. |
| **Quelles sont les histoires que je me raconte et qui me freinent toujours ?** | Je dois assurer la sécurité de ma famille et cela passe par un cadre de travail sécurisant pour moi. |
| **Quelles sont les origines de ces histoires ?** | Ma famille m'a toujours dit de privilégier la sécurité : pas de risques ! J'ai fait des études d'ingénieur parce qu'un de mes oncles, ingénieur lui-même, m'a poussé dans cette voie : « L'informatique, c'est l'avenir », me disait-il. Il n'y a pas de commerçant dans ma famille. |
| **Quel est le lien entre ce projet et mon passé ?** | J'ai toujours aimé le contact humain, transmettre, partager. Lorsque je pense à ce projet, je me retrouve adolescent, aidant mes copains à bricoler. |

D'autres freins relèvent de votre attitude face aux difficultés perçues.

## À retenir

Faites la liste des « promoteurs » que vous avez croisés dans votre vie. Elle est souvent plus longue que vous le pensez.

## 2.3 Les freins liés aux difficultés perçues

Les croisées des chemins sont souvent causes de difficultés. Celles-ci peuvent parfois vous donner un surcroît d'énergie lorsque vous êtes pressé de concrétiser votre projet. Elles peuvent aussi être source d'abattement ou d'agressivité (voir « Les attitudes inhibitrices », p. 90), lorsque vous craignez que quelque chose ne fonctionne pas. Basez-vous sur la typologie comportementale (voir chapitre 2, p. 41) pour analyser les causes associées aux difficultés.

**Rappel des typologies**

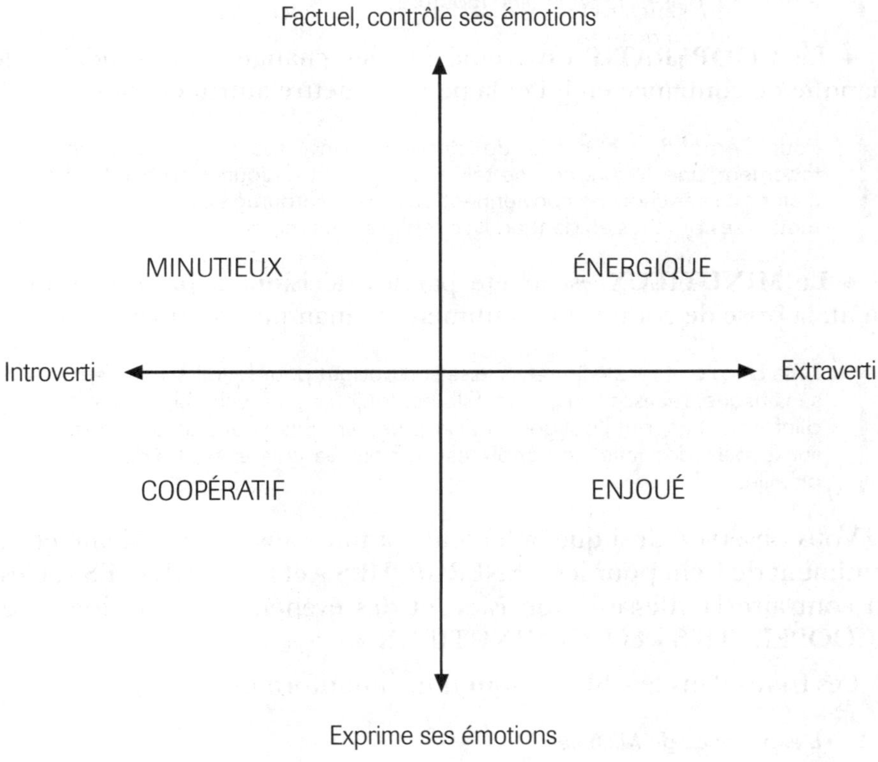


◆ **L'ÉNERGIQUE** a le sentiment d'être freiné par la lenteur des événements ou des personnes autour de lui, le manque d'objectifs clairs et le fait de dépendre des autres. Il a l'impression de gaspiller son temps, que des opportunités vont lui passer sous le nez et qu'il est entouré d'incompétents, d'où une grande nervosité.

> Thomas a décidé de se remettre en cause. Il ne comprend pas que le bilan de compétences qu'il a demandé à faire s'étale sur plusieurs semaines. Pour lui, les 12 heures que dure son bilan pourraient se dérouler sur 2 jours. Le travail de réflexion en intersession est ressenti comme du temps perdu. Il s'énerve.

◆ **L'ENJOUÉ** est freiné par le sentiment d'incompréhension des autres à son égard (« Ils ne s'intéressent pas à ce que je veux faire ») et/ou par les limites à ses marges de manœuvre (« Pour être créatif, pourquoi remplir autant de dossiers et de papiers ? C'est une perte de temps »).

> Mylana est déçue par l'accueil que son entourage réserve à son projet. Elle ne se rend pas compte qu'elle vient de leur présenter la 23e version de celui-ci et que, déjà, elle a en tête de la modifier. Ses amis attendent, blasés, la prochaine mouture.

◆ **Le COOPÉRATIF** est freiné par les changements soudains, le manque de confiance en lui et la peur de mettre autrui en danger.

> Pour Bertrand, les délais de décision d'investissement (pour un logement, une voiture ou une télévision…) sont toujours trop courts. Il craint que ses choix ne conviennent pas à son entourage et il a peur de mettre ses proches en danger. Il se replie sur lui-même.

◆ **Le MINUTIEUX** est arrêté par les décisions à prendre rapidement, la prise de risque et le sentiment de manquer d'informations.

> Leïla calcule et recalcule sans cesse son budget pour savoir si elle peut, sans risque, réaliser son projet. Elle est toujours à la recherche de plus d'informations, qui l'obligent à aller plus loin. Elle veut s'assurer que, sur le plan des faits, son choix est le bon. Sa colère est froide. Elle pinaille.

Vous observez ainsi que la lenteur est une cause de problème et un sentiment de frein pour les « ÉNERGIQUES » et les « ENJOUÉS », c'est au contraire la vitesse de décision et des événements qui bloque les « COOPÉRATIFS » et les « MINUTIEUX ».

Les freins dans le « SUD » sont donc multiformes.

> ***L'expérience de Michèle***
>
> Michèle, de nature « Minutieux-Coopératif » (voir chapitre 2, p. 41), hésite et reporte sa décision. Elle trouve toujours mille prétextes pour ne pas aller voir de nouvelles galeries et en parler autour d'elle. Elle déclare avoir besoin de temps, de plus d'argent en réserve, de réaliser de nouvelles œuvres…

À retenir

Votre rapport aux faits et aux émotions a un impact sur le regard que vous portez sur les situations. En prendre conscience, c'est élargir votre vision de la réalité.

## 3. Prenez du recul

La vie, surtout à une croisée des chemins, n'est pas toujours un long fleuve tranquille. Vous sortez (ou êtes sur le point de sortir) d'une zone de confort où, même si tout n'était pas à votre goût, vous aviez des points de repère stables qui vous sécurisaient : vous saviez quelles pouvaient être les conséquences de telles ou telles actions.

Vous entrez maintenant dans une zone d'incertitude. Comment accepter une part plus ou moins grande de prise de risques ? Pour répondre à cette question, vous devez apprécier à la fois votre projet et l'environnement.

### 3.1 Quel regard portez-vous sur votre projet ?

La situation d'un projet lors d'une croisée des chemins n'est jamais claire, de nombreux éléments restant indéfinis. Vous devez savoir où vous en êtes : les freins que vous avez sont-ils plus liés à des faits concrets (par exemple, vous devez acquérir un savoir-faire complémentaire pour avancer) ou à des peurs diverses (« Je vais peut-être mettre ma famille en danger ? »).

**◗ *Autodiagnostic***
***Votre projet***

Voici un exemple de questionnaire. Il est adapté lorsque vous souhaitez faire une rupture de vie professionnelle et vous lancer dans un projet qui vous tient à cœur depuis des années (par exemple, créer votre propre affaire). En modifiant les libellés de quelques questions, vous pourrez facilement l'adapter à la situation qui vous concerne.

Cochez la case qui vous semble la plus appropriée à votre situation.

| | | Plutôt non | Plutôt oui |
|---|---|---|---|
| 1 | J'ai une passion ou une idée que je peux convertir en projet. | | |
| 2 | Celle-ci a des liens avec mon activité actuelle. | | |
| 3 | J'estime pouvoir en faire mon activité principale. | | |
| 4 | Je suis prêt à faire des concessions entre mon idée de départ et les contraintes détectées dans mon projet. | | |
| 5 | J'ai déjà eu l'occasion de tester ce projet (bénévolement, avec l'appui d'une association…). | | |
| | Total | | |

Si vous avez plus de « oui » que de « non », quels sont les aspects qui vous limitent ?

Si vous avez plus de « non » que de « oui », est-ce un véritable projet ou un rêve ?

À retenir

Vos freins sont-ils plutôt factuels (argent, temps…) ou plutôt émotionnels (risques associés…) ?

### 3.2 Quel regard portez-vous sur votre environnement ?

Les freins ou les limites à votre projet peuvent aussi être liés à des contraintes externes, telles que la sécurité financière de vos proches.

Appréciez le regard que vous portez sur votre environnement. Comme ci-dessus, le questionnaire peut être facilement adapté à votre propre situation.

***Autodiagnostic***
***Votre environnement***

Cochez la case qui vous semble la plus appropriée à votre situation.

| | | Plutôt non | Plutôt oui |
|---|---|---|---|
| 1 | Mes proches (en incluant les personnes à charge) me soutiennent. | | |
| 2 | Mes proches (vivant sous mon toit) sont prêts à accepter le changement de rythme lié à cette nouvelle activité. | | |
| 3 | Mes proches acceptent l'idée que je prenne le risque d'un échec. | | |
| 4 | Je suis entouré de personnes entreprenantes qui me comprennent. | | |
| 5 | Je connais des personnes qui ont déjà réussi cette mutation. | | |
| | Total | | |

Si vous avez plus de réponses « oui » que de réponses « non », vous pouvez avoir le sentiment d'être épaulé. Dans le cas contraire, pourquoi ? D'où viennent les freins ?

**À retenir**

Votre regard sur l'environnement est-il basé sur des faits ou sur la réalité que vous vous en faites ?

## 3.3 Quelle image globale avez-vous de votre situation ?

Le croisement des deux questionnaires (entre les « oui » et les « non ») de chaque tableau conduit à quatre situations possibles :

– vous croyez en votre projet et vous vous sentez soutenu par votre entourage (une majorité de « oui » dans les deux tableaux) : vous semblez bien parti ;

– vous croyez en votre projet, mais vous n'êtes guère épaulé (une majorité de « oui » dans le premier tableau et de « non » dans le second) : qu'est-ce qui freine votre entourage ?

– vous n'êtes pas prêt à vous lancer et votre entourage ne croit pas à votre projet (une majorité de « non » dans les deux tableaux) : il faut bien un début à tout. Commencez par bâtir votre projet ;

– vous ne vous sentez pas prêt à vous lancer, mais votre entourage croit en votre projet (une majorité de « non » dans le premier tableau et de « oui » dans le second) : manquez-vous de confiance en vous ou de préparation ?

Votre regard de la situation dépend de ces deux paramètres : de vous et du regard que portent les autres sur vous (ou du moins de ce que vous estimez qu'ils pensent de vous).

**Pour aller plus loin**
**Questionnez votre entourage !**

Vous pouvez également faire remplir ce même questionnaire par votre entourage. Leur regard peut vous aider à avoir une vue plus équilibrée de la situation.

*L'expérience de Michèle*

Michèle fait le test.

| | | **Plutôt non** | **Plutôt oui** |
|---|---|---|---|
| 1 | J'ai une passion ou une idée que je peux convertir en projet. | | X |
| 2 | Celle-ci a des liens avec mon activité actuelle. | X | |
| 3 | J'estime pouvoir en faire mon activité principale. | | X |
| 4 | Je suis prêt à faire des concessions entre mon idée de départ et les contraintes détectées dans mon projet. | | X |
| 5 | J'ai déjà eu l'occasion de tester celui-ci sous une forme ou sous une autre (bénévolement, sous couvert d'une association…). | | X |
| | Total | 1 | 4 |

| | | Plutôt non | Plutôt oui |
|---|---|---|---|
| 1 | Mes proches (en incluant les personnes à charge) me soutiennent. | | X |
| 2 | Mes proches (vivant sous mon toit) sont prêts à accepter le changement de rythme lié à cette nouvelle activité. | | X |
| 3 | Mes proches acceptent l'idée que je prenne le risque d'un échec. | X | |
| 4 | Je suis entouré de personnes entreprenantes qui me comprennent. | X | |
| 5 | Je connais des personnes qui ont déjà réussi cette mutation. | X | |
| | Total | 3 | 2 |

Michèle comprend qu'elle est trop sensible au regard des autres qui, à l'exception de son compagnon, ne l'encouragent guère. Elle réalise qu'il lui faut avancer : plus elle s'informera, plus elle prendra confiance en elle et sur la viabilité ou non du projet. Elle pourrait même rencontrer des personnes qui ont déjà réussi ce changement de cap.

### À retenir

Le regard que vous prêtez aux autres sur votre projet n'est souvent que l'expression de votre propre peur. Entourez-vous de gens positifs qui ont vécu cette démarche.

## 4. Changez vos paradigmes

Cette analyse de la situation révèle vos différents freins. Vous prenez ainsi conscience de vos croyances limitantes. Vous avez noté dans ce même chapitre les causes probables de ces croyances. Il s'agit maintenant d'aller plus loin en vous affranchissant de votre « SUD », ou au moins en en limitant l'impact. Vous en aurez l'utilité lorsque vous mettrez en œuvre votre plan d'actions (voir chapitre 6 sur l'« OUEST », p. 117).

### 4.1 Passez des inhibitions à une attitude positive

Repartez des tableaux complétés dans l'autodiagnostic des attitudes inhibitrices (p. 90) et dans celui des croyances limitantes liées à votre histoire (p. 92). Choisissez, au travers de votre projet et de l'exercice sur vos freins (« Prenez du recul », p. 95), les attitudes qui vous freinent le plus.

| Phrases limitantes | Pour chacune de ces phrases, interrogez-vous :<br>Qui dit que... ?<br>Où a-t-il été écrit que... ?<br>Où a-t-il été décidé que ? |
|---|---|
| | |
| | |
| | |
| | |
| | |

Vous retrouvez le principe de l'histoire que vous vous racontez. Celle-ci peut être tellement enracinée (et confortable puisqu'elle vous excuse) que vous n'en recherchez plus la racine.

> La résistance à Internet
>
> Léon, la soixantaine, amateur de beaux livres et de la vie « traditionnelle », s'est longtemps répété qu'Internet n'était pas fait pour lui, mais pour ses petits-enfants. Il s'est fixé comme projet, pour sa retraite, de développer un manuel sur des systèmes de fabrication qui se perdent. Il a commencé à acheter des encyclopédies papiers sur ce sujet, jusqu'au jour où celles-ci n'ont plus existé. Il a écrit des lettres à ce propos à ses amis, mais ceux-ci ne savaient plus lui répondre que par mail. Il a téléphoné à ses enfants pour qu'ils l'aident, mais ceux-ci étaient éparpillés aux quatre coins du monde, ce qui rendit les communications plus difficiles et coûteuses. Ils lui ont alors offert un ordinateur avec une connexion Internet. Par nécessité, il a suivi des cours et découvert des personnes plus âgées que lui qui s'en servaient correctement. Son moniteur l'a gentiment taquiné : « Qui a dit que c'était une question d'âge ? », « Où a-t-il été écrit que taper sur un clavier était réservé aux jeunes ? », « Où a-t-il été décidé que le monde allait se diviser en deux avec la fracture numérique ? »

Reprenez vos phrases limitantes et transformez-les en phrases positives. Celles-ci doivent répondre à plusieurs caractéristiques. Elles doivent être :

– courtes (10 mots maximum) ;
– positives (ce qui doit se produire et non pas ce que je veux) ;
– « authentiques » pour vous (vous vous sentez à l'aise avec elles) ;
– rédigées au présent ;
– formulées avec des expressions telles que « je suis capable de », « j'ai le droit de », « je mérite » ;
– d'un ton juste à vos oreilles.

| Attitude encourageante | Attitude inhibitrice |
| --- | --- |
| Exemple : « Je me sens capable d'utiliser ces nouvelles technologies à bon escient. » | Exemple : « Je suis trop vieux pour ces nouvelles technologies. » |
| | |
| | |
| | |
| | |
| | |
| | |

## À retenir

Inscrivez vos trois principales peurs sur un morceau de papier. Lisez-les à voix haute en commençant par « Je me libère de ma peur de… ». Puis, déchirez le papier en petits morceaux et jetez-le.

## 4.2 Transformez vos phrases en actions

Il ne suffit pas d'écrire, il faut aussi conforter votre démarche par des actes qui vous engagent dans le chemin choisi. Il ne s'agit pas de la mise en œuvre en tant que telle de votre plan d'actions (cela sera traité au chapitre 6), mais d'ancrer cette attitude positive.

La première étape est de distinguer, parmi vos freins :
– ceux que vous estimez pouvoir corriger : quelles solutions pouvez-vous développer pour les surmonter ?

> Léon (voir exemple ci-dessus) a demandé à ses enfants et petits-enfants de lui adresser un e-mail. Ainsi, il peut, au début, simplement leur répondre. Progressivement, il s'autonomise et entre de lui-même des adresses. « Ce n'est pas si compliqué », s'en amuse-t-il.

– les solutions de contournement que vous pouvez adopter pour des obstacles que vous estimez trop élevés.

> Léon, suivant la suggestion de ses amis, veut créer un blog. Il demande à un spécialiste de lui créer un blog et de lui montrer comment l'utiliser.

Ainsi, petit à petit, vous changerez vos croyances limitantes et vous élargirez vos champs du possible. Pour cela, progressez par petits pas et décomposez votre chemin en petites étapes.

| | |
|---|---|
| **Quel est l'obstacle que je souhaite dépasser ?** | |
| **Où est-ce que je souhaite arriver ?** | |
| **Quel(s) critère(s) de succès puis-je me donner pour mesurer mes progrès ?** | |
| **Quelles sont les étapes pour y parvenir ?** | |
| **Quelle est la première étape sur cette voie ?** | |
| **Quand et comment la réaliser ?** | |
| **Comment saurai-je que je l'ai atteinte ?** | |

Nul ne devient un coureur de marathon du jour au lendemain. Si vous ne courez jamais, commencez par des temps de 15 min de course, puis augmentez ce temps par étapes. Il vaut mieux courir trois fois 15 min dans la semaine que 45 min une fois par semaine.

De même, fêtez vos succès à chaque étape.

> Léon s'est donné comme objectif de faire connaître son blog auprès des gens qu'il estime utiles pour son projet. Il met en place une démarche pour les en informer et suit la mesure de la lecture de son blog grâce à un compteur automatique. Arrivé au résultat qu'il s'est fixé, il offre un bon repas à ses proches.

Michèle décide d'aller visiter des galeries et de parler franchement de son projet aux responsables.

| | |
|---|---|
| **Quel est l'obstacle que je souhaite dépasser ?** | Celui de me prendre pour un amateur. |
| **Où est-ce que je souhaite arriver ?** | Me sentir une professionnelle. |
| **Quel(s) critère(s) de succès puis-je me donner pour mesurer mes progrès ?** | Qualitatif : le retour des galeristes.<br>Quantitatif : le prix de vente de mes objets. |
| **Quelles sont les étapes pour y parvenir ?** | Visiter des galeries. |
| **Quelle est la première étape sur cette voie ?** | Choisir quelques sites dans la région. |
| **Quand et comment la réaliser ?** | Y consacrer mon week-end et avoir des entretiens approfondis avec au moins deux galeries par week-end. |
| **Comment saurai-je que je l'ai atteinte ?** | Faire le point au bout d'une dizaine de galeries. |

### À retenir

Prenez garde de ne pas vouloir aller trop vite trop loin. Certains des obstacles sur votre route sont réels, d'autres demandent du temps, des échecs avant d'y arriver et de la patience.

## 4.3 Ancrez votre nouvelle façon de penser

Vous pouvez maintenant ancrer votre levée des freins et des croyances passées par rapport à votre projet. Passez des phrases limitantes écrites plus haut (voir « Savoir les reconnaître », p. 90) à des phrases libératrices.

| |
|---|
| **Dorénavant, je…** |
| **Ma nouvelle perception est…** |
| **J'ai déjà…** |
| **À partir de maintenant, je…** |
| **Je vais certainement être capable de…** |

Vos freins ne vous font plus peur. Vous savez maintenant les relativiser. Il est temps de continuer votre chemin.

*L'expérience de Jean-Luc*

Finalement, Jean-Luc décide de parler ouvertement de son projet à sa femme. Celle-ci comprend sa motivation et déclare le soutenir dans sa démarche. Petit à petit, grâce à son appui, il convertit ses phrases inhibitrices en phrases positives : « Je peux y arriver », « Je peux convaincre ma direction en lui montrant ma valeur ajoutée en ce domaine »...
Il se sent d'autant plus libéré que sa femme lui propose de rester encore quelques mois ici dans leur ville actuelle s'il devait changer de lieu de travail. Comme cela, ils ne prendraient pas le risque de perdre un salaire.
Jean-Luc comprend que nombre de ses croyances limitantes viennent de son éducation et de l'image qu'il avait des attentes et des pensées de sa femme. Le travail de réflexion qu'il a fait lui permet de lever ces freins.

| |
|---|
| **Dorénavant, je** me sens plus à l'aise pour en parler dans mon entreprise. |
| **Ma nouvelle perception est que** je peux les convaincre de ma valeur ajoutée dans ce domaine. |
| **J'ai déjà** quelques expériences que je peux mettre en avant. |
| **À partir de maintenant, je** vais organiser mes vies privée et professionnelle pour réussir ce changement. |
| **Je vais certainement être capable de** faire ce changement. |

## À retenir

Le « SUD » dans N.E.W.S. se concentre uniquement sur vos freins par rapport à votre projet. C'est ce qui en fait sa force.

5

CHAPITRE

# Être en harmonie avec ses valeurs

*« Deviens ce que tu es. »*
Friedrich Nietzsche

Vous savez quelle est votre spécificité, vous vous êtes donné une direction et vous avez réussi à lever les freins qui pouvaient l'entraver. Tout va bien, pensez-vous. Pas si vite !

Cette direction est-elle en adéquation avec vos valeurs profondes ? Vous pouvez avoir exercé avec plaisir une activité pendant des années. Puis un beau jour, un changement dans l'environnement, le marché, vos dirigeants ou vous-même modifie les conditions d'exercice. Vous le comprenez, vous êtes capable d'évoluer, mais dans le fond, aimez-vous cette nouvelle façon de faire ? Si vous n'êtes plus en ligne avec vos valeurs, le travail autrefois plaisant devient pénible, insatisfaisant et sans intérêt.

Pourquoi cette adéquation aux valeurs joue-t-elle un tel rôle ? Comment trouver ses valeurs profondes et sa véritable motivation ?

À la fin de ce chapitre, vous aurez non seulement quelques clés pour les reconnaître, mais vous aurez également mesuré votre écart de congruence (l'écart entre votre « NORD » et votre « EST ») et testé la cohérence entre vos normes, attitudes, actions et vos valeurs.

## 1. L'« EST » vous relie à vous-même

Dans le système N.E.W.S., l'« EST » traite de la question « Pourquoi ? ».

Votre travail est de découvrir vos motivations authentiques, vos valeurs profondes, ce qui vous anime et vous dynamise.

Ceci est nécessaire car :
- vos sources de motivation et de dynamisme changent dans le temps ; quand vous les identifiez, vous pouvez alors réaligner votre « NORD » (votre direction, voir chapitre 3, p. 69) ;
- vos comportements dans l'« OUEST » (votre plan d'actions, voir chapitre 6, p. 117) doivent être en lien avec les valeurs et les motivations que vous allez identifier dans l'« EST ». Si vous n'êtes pas sûr de celles-ci, votre attitude sera inconstante et pas vraiment alignée sur votre « moi » profond ;
- quand vous travaillez avec un « NORD » qui n'est pas aligné sur votre « EST » réel (valeurs), vous ressentez de la fatigue, voire de l'épuisement, parce que vous maintenez une activité qui n'est pas nourrie de l'intérieur. Cela vous demande beaucoup d'énergie qui, au fil du temps, vous coûte beaucoup ;
- vous tirez de votre « EST » l'énergie et le bien-être dont vous avez besoin dans tout ce que vous entreprenez. Il est donc important d'y être connecté.

> Roland est un comptable reconnu. Pourtant, sa vraie vie commence dès qu'il est question de vin. Il aime taster les vins et n'a pas son pareil pour reconnaître les crus et les cépages. Ses parents avaient une épicerie fine. C'est là qu'il a appris à goûter les vins et à savoir les reconnaître. Toutefois, lorsqu'il s'est rendu compte qu'être commerçant est un métier dur, exigeant et difficilement compatible avec la vie de famille, il s'est alors juré qu'il ferait un métier exactement opposé et... il y est parvenu. Même s'il réussit dans son métier, il s'aperçoit que son « NORD » ajourd'hui (être un comptable professionnel) est de moins en moins en adéquation avec son « EST » actuel (goût du partage, des sensations, de la découverte).

Le dynamisme, l'énergie viennent de vos valeurs clés et de vos motivations. Être connecté à ces dernières et agir en conséquence vous ressourcent. Dans le modèle N.E.W.S., les véritables changements chez une personne viennent souvent lorsqu'elle mûrit ou évolue en termes de valeurs, de sources de dynamisme et de motivations.

> Une personne qui auparavant était mue par un besoin de sécurité peut l'être aujourd'hui par le goût de l'aventure. Une personne qui souhaitait se réaliser peut avoir envie désormais de bâtir une famille. Une

> personne qui voyageait beaucoup peut chercher aujourd'hui à se sédentariser.

Chacun de ces changements nécessite un réalignement des quatre dimensions : le « NORD » (la direction), l'« OUEST » (les actions), le « SUD » (les freins) et l'« EST » (les valeurs).

> Il y a de nombreuses années, les valeurs de Michèle étaient en adéquation avec son travail. Elle voulait subvenir aux besoins de sa famille et aider son mari. Aujourd'hui, ses valeurs ne sont plus les mêmes. Michèle en a maintenant d'autres qui la poussent vers l'expression artistique, l'épanouissement, l'indépendance... Son « NORD » n'est pas en alignement avec ces valeurs. Cela la mine, la fatigue et la frustre.

**À retenir**

Les hasards de la vie font que votre « NORD » actuel n'est pas toujours en accord avec votre « EST ». Cela a des conséquences sur votre énergie et... votre niveau de stress. Déjà, dans le passé, un proverbe latin (« *Ex oriente lux, ex occidente lex* ») affirmait : « De l'Est vient la lumière, de l'Ouest la loi. » Les Romains observaient cela à propos des cultures. Curieusement, ceci est toujours vrai aujourd'hui, sur un plan général, tant culturel que personnel.

## 2. Quelles sont vos valeurs profondes ?

Une des manières de démarrer votre exploration dans l'« EST » est de découvrir vos valeurs profondes. Celles-ci sont les points de vue, principes ou qualités qui sont les plus importants pour vous. Une autre manière de les découvrir est d'accepter l'idée que ce sont les croyances ou idées pour lesquelles vous êtes prêt à « payer le prix ». Très souvent, vos valeurs sont mises à l'épreuve dans la réalité. Si vous êtes prêt à « en payer le prix », alors ce sont vos vraies valeurs.

Comment pouvez-vous découvrir vos valeurs fondamentales ? Voici une méthode proposée par le modèle N.E.W.S.

***Exercice***

Écrivez les noms de quelques personnes (votre conjoint, un de vos enfants, un client, un collaborateur, un ami...) qui sont importantes pour vous, ainsi que la relation qui vous unit à elles.

Assurez-vous d'avoir choisi des personnes représentant différents aspects de votre vie (vie privée, vie sociale et vie professionnelle).

Maintenant, imaginez que vous ayez 80 ans. De nombreuses personnes sont présentes à votre anniversaire. Elles parlent de vous et se rappellent votre vie passée et le rôle que vous avez joué pour elles.

> « Ce fut un père adorable et un bon soutien. Il nous a éduqués pour être honnête et franc avec les gens. »
> « Il a toujours été un ami discret, mais sachant être présent quand on avait besoin d'aide et de réconfort. »

Si vous résumiez leurs paroles ainsi, il est clair qu'il y a quelques valeurs qui sont réellement importantes pour vous en termes de relation père-enfant : « amour, soutien, éducation, honnêteté et franchise », et d'amitié : « discrétion, présence, aide… »

Écrivez ci-dessous ce que vous voudriez que chacune des personnes invitées à votre anniversaire dise du rôle que vous avez joué pour elle.

Puis encerclez les termes qui montrent vos valeurs dans chaque domaine. Notez plus particulièrement les mots qui se répètent. Ce sont vos valeurs fondamentales. Elles apparaissent dans différents domaines, car elles correspondent à ce qu'il y a de plus profond en vous. Notez-les pour les garder à portée de main quand vous voudrez vous y référer.

Vous venez de mettre au jour vos valeurs profondes. Vous avez franchi une étape importante.

Définissez maintenant ces valeurs que vous venez juste de découvrir. Pour cela, demandez-vous si ce sont des qualités, des caractéristiques ou des choses essentielles pour vous. Où existent-elles ? Ont-elles une valeur humaine ou une valeur universelle ? Une valeur culturelle ?

Attention ! Ce n'est pas un exercice facile. L'effort pour définir vos valeurs est utile, parce que vous clarifierez pour vous-même ce qu'elles signifient vraiment.

Quand vous avez trouvé vos valeurs, vous pouvez les illustrer par un symbole ou une analogie.

Ces deux exercices facilitent l'utilisation de vos deux cerveaux : le gauche (la pensée analytique) et le droit (créativité, imagination).

Le fait d'être au clair avec vos valeurs vous permet alors de choisir vos actions en cohérence avec elles.

> *L'expérience de Michèle*
>
> Michèle acceptera-t-elle de quitter une place sûre pour être en ligne avec son désir d'expression artistique ? Ce sera cela son prix à payer. Cette peur apparaît dans son « SUD » (freins). Michèle doit décider ce

> qu'elle fera et, notamment, si elle veut vraiment chercher l'accomplissement de cette valeur.
> En faisant cet exercice, elle découvre que ses valeurs sont « chaleur, sincérité, richesse des sens et des couleurs, vie intérieure, durabilité... ». Elle réalise avec amusement que ce sont les valeurs que l'on prête traditionnellement au bois.

**À retenir**

La plupart des personnes ont des valeurs mal définies, peu claires, nébuleuses ou simplement de bonnes intentions. Bien définir les valeurs qui vous animent donne de la cohérence à votre parcours.

## 3. Quelle est votre véritable motivation ?

Vous avez été et vous serez motivé tout au long de votre vie par différentes sources d'énergie. L'éternelle question est de savoir d'où vient cette motivation.

Abraham Maslow (psychologue américain, 1908-1970) suggérait que celle-ci dérivait des besoins de l'homme. Il créa la « pyramide des besoins » d'après laquelle l'homme progresse par étapes. Il doit avoir satisfait un niveau de besoins pour passer à un autre niveau. Les différents paliers de la pyramide sont la satisfaction des besoins physiologiques, la recherche de la sécurité, l'appartenance sociale, le besoin d'exister en propre (dans sa vie sociale) et enfin l'autoréalisation.

D'autres théories (comme celle d'Herzberg, par exemple) suggèrent un équilibre entre vos besoins (ce qui vous attire) et les choses auxquelles vous essayez d'échapper. Beaucoup de vos motivations sont définies par la société dans laquelle vous vivez. Très souvent, vous influencez vos paramètres de motivation en vous comparant aux autres, que ce soit par votre façon d'« avoir plus » ou d'« être ».

> Pouvez-vous vous imaginer sans téléphone mobile aujourd'hui ? Pourtant, il y a tout juste dix ans, peut-être considériez-vous cet objet comme un gadget.

Néanmoins, à côté de cette civilisation de l'« avoir plus » se développe une tendance profonde au retour à la simplicité, à l'écologie, à l'« être »...

Nous aimerions suggérer que chacun possède une série de motivations innées. Les vôtres ne sont dérivées ni de la société ni de vos parents, mais vous sont inhérentes, de la même manière que votre ADN vous est propre et est différent de celui des autres individus.

Ces motivations innées sont comme des voix cachées qui vous indiquent ce qui est bon pour vous et s'opposent (parfois au même moment) à d'autres murmures inhibiteurs (le « SUD »). Lorsque vous vous trouvez à une croisée des chemins, vous devez souvent choisir entre ces deux voix. C'est le grand conflit que vous vivez à chaque fois qu'il vous faut faire un choix.

La motivation authentique est comme votre propre ADN. Elle se révèle à vous sous forme de valeurs, de dimensions que vous considérez comme importantes et de croyances profondes. Cela n'a rien à voir avec votre formation et votre éducation qui peuvent inclure des valeurs culturelles. Ces motivations sont là, vous ne savez pas pourquoi ni d'où elles viennent.

Découvrir ou redécouvrir cette voix enfouie au plus profond de vous peut parfois prendre toute une vie. Cela n'est pas une question de compétition, ni de comparaison mais quelque chose d'intime et de très personnel.

Qu'est-ce qui vous a toujours guidé depuis aussi longtemps que vous pouvez vous le rappeler ? Était-ce la créativité ? Le leadership ? L'aide aux autres ? Le fait de construire, d'aménager ? Était-ce l'espoir ? Une croyance ? Ou peut-être est-ce l'honnêteté ? L'accomplissement personnel ou le sentiment de responsabilité vis-à-vis de la planète et des êtres vivants ?

Vos réponses à ces questions sont très significatives et peuvent vous aider à comprendre beaucoup d'incidents dans votre vie et les choix que vous avez pu faire.

Finalement, vous êtes attiré à la fois par l'accomplissement et l'expression de cette source d'énergie interne et, à l'opposé, par le rejet de situations où vos vraies motivations ne sont pas vécues ou exprimées.

### *Exercice*

Essayez d'identifier ces deux forces en vous en ce moment. Qu'est-ce qui vous attire ? Qu'est-ce que vous ne supportez plus ?

> *L'expérience de Michèle*
>
> Michèle est profondément attirée par un travail d'expression artistique et, en même temps, elle ne supporte plus sa vie au bureau où elle a passé tant d'années.

**À retenir**

L'attraction vers une possibilité future ou la répulsion d'une réalité présente insatisfaisante sont les deux grandes forces de la motivation humaine.

## 4. Votre « NORD » et votre « EST » sont-ils alignés ? L'écart de congruence

Une des principales raisons pour lesquelles il est nécessaire d'étudier attentivement votre « EST » est de rester en lien avec lui. Quand vous agissez d'une certaine manière ou dans un domaine qui n'est pas connecté à vos véritables sources de dynamisme et à vos motivations, vous faites l'expérience du burn-out et de la fatigue. La raison en est simple : vous avez besoin de continuer à faire des choses pour lesquelles vous n'êtes plus réellement motivé. Cet énorme investissement en termes d'énergie « absorbe » vos ressources.

Quand vous êtes dans votre « EST » authentique, vous êtes connecté à vos propres ressources d'énergie. Celles-ci sont infinies. Vous pouvez être brillant, plein de créativité et source de nouvelles idées. Vous pouvez vous sentir fort, plein d'énergie de « faire » et « contaminer » les autres avec cette énergie. Vous devenez alors une source d'inspiration pour les autres.

Être connecté à vos valeurs clés et à vos sources de dynamisme internes vous servira de « moteur interne » dans votre vie.

### *Exercice*

Pensez à une personne que vous connaissez, qui est très dynamique, pleine d'entrain et active, même à un âge où la plupart des gens partent en retraite. Savez-vous quels sont ses « moteurs » ? Si non, prendre le temps de les chercher est plein d'enseignement.

Une autre bonne raison d'étudier votre « EST » est de l'aligner sur votre « NORD ». Quand votre « NORD » (la direction que vous avez choisie) et votre « EST » ne sont pas alignés, vous pâtissez d'un « écart de congruence ». L'écart de congruence est l'écart entre vos motivations originelles et ce que vous choisissez de faire avec votre vie. Ou, en d'autres termes, l'écart d'alignement entre votre « EST » et votre « NORD ». Un tel écart apparaît lorsque vous continuez à agir en sachant consciemment que vous auriez dû depuis longtemps interrompre de telles actions. Les symptômes qui se font jour dans une telle situation sont l'ennui, la faible énergie, la fatigue, l'épuisement…

### Pour aller plus loin

La congruence est un terme utilisé (entre autres) en programmation neurolinguistique (PNL). Elle se définit comme la correspondance entre ce qui est pensé, consciemment vécu et ce qui est exprimé, verbalement mais aussi non verbalement.
Par opposition, la non-congruence se matérialise par le simple écart entre ce qui est perçu et ce qui est exprimé. Cette non-congruence fausse le message initial que vous vouliez transmettre à votre interlocuteur. Un message non congruent n'a aucune chance de convaincre son interlocuteur.

Régulièrement, de nouvelles valeurs prennent le pas sur les autres : vie de famille ou indépendance, stabilité ou mobilité, sédentarisation ou aventure…

Ces nouvelles valeurs apparaissent de temps en temps, presque à chaque saison. Cela peut être aussi bien un mouvement de balancier dans votre vie qu'une phase de maturation ou une contre-réponse au chapitre précédent de votre vie ou encore révéler quelque chose de plus profond en vous. Quelle que soit la raison de l'émergence de cette nouvelle valeur ou de cette source de dynamisme, elle vous conduit à vous demander si ce que vous faites est ce qu'il y a de mieux pour vous, dans le bon environnement et avec les bonnes personnes. Si vous ignorez ce changement interne, vous commencez à créer en vous-même « l'écart de congruence ». Cette situation génère des conflits et, avec le temps, induit une baisse de performance et un sentiment de manque d'intégrité interne.

### À retenir

Les nouveaux changements dans votre vie concernent presque toujours l'« EST ».

Peut-être devrez-vous ajuster régulièrement votre direction. Parfois même en changer complètement.

Nathalie était une femme d'affaires qui réussissait très bien dans la gestion d'un groupe de cliniques. Les années passant, elle s'intéressa de plus en plus aux aliments sains et aux produits bio. Cela prit progressivement une place de plus en plus importante dans sa vie, au point de réaliser que son travail du moment n'était plus en ligne avec cette nouvelle passion. Elle ressentit un écart de congruence. Bientôt, elle devint impatiente et énervée. Au cours d'une séance de coaching, elle réalisa qu'elle avait besoin de réaligner son « NORD ». Finalement, elle décida d'aller vivre à la campagne et créa une ferme de produits laitiers bio. Cela lui prit deux ans pour monter le projet. Quand sa première fournée de fromages de chèvres bio arriva sur le marché, personne au monde n'était plus heureuse qu'elle.

*L'expérience de Jean-Luc*

Jean-Luc a pris conscience de cet écart de congruence quand il a commencé à lire les documents concernant le futur projet que voulaient lui confier ses responsables. Il revenait de diverses interventions chez des clients pour l'implantation de projets et il était encore marqué par l'énergie développée par le travail en équipe, le partage de solutions et la course contre le temps. Le choc fut rude de se retrouver dans un bureau avec des centaines de pages abstraites à étudier pour bâtir le projet.

À retenir

Étudier votre « EST » et tenir compte de cette « petite voix enfouie au fond de vous » devraient vous conduire à un nouvel alignement sur votre « NORD ».

## 5. Testez la cohérence entre vos normes, attitudes, actions et vos valeurs : l'écart entre « être » et « faire »

L'« EST » représente la partie « être » de votre vie, la partie la plus profonde de vous-même, d'où vous tirez votre force et votre bien-être. Être déconnecté de son « EST » signifie ne plus avoir de connexions en interne, agir d'une manière qui est principalement gouvernée de l'extérieur. Au fil du temps, cela crée des contradictions internes, de la fatigue, de l'épuisement et du burn-out.

Pour de nombreuses personnes, il existe un véritable fossé entre l'« être » et le « faire ». Ce fossé représente la distance entre vos valeurs (et motivations internes) et la manière dont vous agissez dans la réalité. C'est peut-être un challenge d'agir selon vos valeurs, mais choisir cette voie mérite d'être tenté.

**▸ *Exercice***

Écrivez ci-dessous trois de vos valeurs fondamentales, puis notez une de vos activités quotidiennes en ligne avec cette valeur. Enfin, notez une de vos activités ou un de vos comportements qui contredit cette valeur et n'est pas en ligne avec elle.

| | Valeur | Comportement en ligne avec cette valeur | Comportement « hors ligne » avec cette valeur |
|---|---|---|---|
| 1 | | | |
| 2 | | | |
| 3 | | | |

Ces comportements en ligne expriment cette valeur dans votre vie. Les comportements ou activités « hors ligne » représentent le fossé entre l'« être » et le « faire » dans votre vie et créent une contradiction en vous. Souvent, ces comportements « hors ligne » sont destinés à des personnes proches, voire chéries par vous.

**▸ *Exercice***

Créez maintenant un comportement alternatif à ce comportement « hors ligne ».

| | Comportement « hors ligne » avec cette valeur | Comportement alternatif qui lui est en ligne | À destination de qui ? |
|---|---|---|---|
| 1 | | | |
| 2 | | | |
| 3 | | | |

Ouvrez ensuite votre agenda et inscrivez ces nouveaux comportements dans le programme de vos semaines. Faites-le durant un mois.

Cet exercice pratique contribuera à votre développement futur pour être la personne que vous souhaitez être.

Une femme, cadre supérieur dans une banque, réalisa lors d'un atelier que sa valeur de base était qu'elle aimait les gens. Tous ses collègues s'en étonnaient parce que apparemment, son comportement au quotidien était totalement à l'opposé de cela. De son côté, elle était stupéfiée que personne n'ait perçu ou ressenti cette valeur. Elle décida de montrer son affection à l'une de ses collègues quotidiennement : par exemple, elle lui apportait des fleurs, lui souriait, lui donnait des signes de reconnaissance…
Au bout d'un moment, cette valeur d'amour des autres devint évidente.
Moralité : si vous voulez charmer, trouvez le besoin de charme chez les autres et donnez-leur ce qu'ils attendent. Sur un plan plus général, posez-vous la question : quel est le besoin des gens qui m'entourent ? Comment j'y réponds ? Votre entourage sera plus à l'écoute.

## À retenir

Agir selon vos valeurs profondes fera de vous la personne que vous souhaitez être.

6

CHAPITRE

# Bâtir son plan d'actions

*« Un homme est la somme de ses actes, de ce qu'il fait, de ce qu'il peut faire. Rien d'autre. »*

André Malraux

Vous voilà, à ce stade, prêt à vous lancer dans l'aventure. Vous avez défini votre objectif (votre « NORD »), levé les freins et les blocages qui vous entravaient dans votre progression (le « SUD ») et vérifié la conformité de cette vision avec vos valeurs (l'« EST »).

L'étape suivante est de définir la manière d'y parvenir. Cela s'appelle bâtir votre « OUEST » (le « WEST » de N.E.W.S.). Elle comprend quatre phases : choisir la démarche marketing la plus adéquate, bâtir un plan d'actions, impliquer son entourage et communiquer.

## 1. Choisissez votre démarche marketing

Jusqu'à présent, vous avez travaillé sur vous-même, vos forces et vos freins, vos désirs et vos passions. Vous avez choisi votre objectif en fonction de vos atouts et de ce qui vous rend spécifique, unique et distinct des autres personnes.

Il s'agit maintenant de le faire savoir à votre entourage et de commencer à parcourir le chemin pour réaliser votre vision. Toutefois, en fonction de votre spécificité (ce qui vous rend unique), ce chemin peut être plus ou moins évident pour vous-même ou votre entourage (personnel et/ou professionnel). Par exemple, si vous devez exprimer votre créativité dans une forme d'art reconnue et existante ou, au contraire, dans un nouveau concept associant différentes expressions artistiques, l'approche et le plan d'actions seront différents. Vous devez prendre en compte vos objectifs, apprécier là où vous devez mettre en œuvre vos forces et choisir votre méthode de marketing.

### 1.1 Prenez en compte vos atouts pour atteindre vos objectifs

Vous avez défini votre vision et les objectifs associés (voir chapitre 3, p. 69). Ils représentent vos buts. Vous devez les confronter à votre environnement pour en apprécier la portée. Cela suppose de faire la différence entre vos atouts et vos facteurs clés de succès :

– vos atouts sont vos points forts, ceux qui vous rendent unique ;
– les facteurs clés de succès sont les caractéristiques qui assurent plus facilement le succès sur un marché donné.

> Le docteur André est un médecin généraliste connu et réputé dans son quartier. Son but est de pratiquer une médecine différente, notamment l'acupuncture. Ses atouts sont sa passion pour cette médecine chinoise et les nombreux stages qu'il a suivis. Il se sent pleinement à l'aise avec cette philosophie. Les facteurs clés de succès (FCS) dans ce domaine sont le fait que le docteur soit déjà connu et donc qu'il bénéficie d'une clientèle, que la discipline soit notoire et déjà utilisée par le public. Le docteur André bénéficie d'un bon rapport entre ses atouts et ses FCS. Il a suffisamment bonne réputation auprès de ses patients pour que ceux-ci acceptent ses nouvelles pratiques. C'est une clé de son succès futur.

Voici quelques critères pour apprécier si vos atouts sont de véritables avantages concurrentiels dans le domaine visé.

| **Votre atout est-il...** | |
|---|---|
| **Valorisable ou perçu par les personnes concernées ?** | Les interlocuteurs apprécient ce que vous leur apportez et l'associent à vous. |
| **Rare ?** | Il vous est propre et vous distingue des autres. |
| **Non imitable ?** | Il ne faut pas seulement de l'argent pour le concrétiser (ce qui le mettrait à la portée de nombre de personnes), mais aussi un savoir-faire et une expérience acquise dans le temps, par exemple. |
| **Non substituable ?** | Il est également difficile de le remplacer par un autre type d'offre ayant la même valeur aux yeux des clients. |

> *L'expérience de Michèle*
>
> Michèle souhaite ouvrir, seule ou en partenariat, une boutique de gravures sur bois et autres objets d'art. Ses atouts sont son sens artistique et son savoir-faire en la matière. Les facteurs clés de succès pour réussir à rentabiliser un magasin sont à la fois l'emplacement, les moyens financiers (pour tenir les premiers mois du lancement) et l'offre proposée.

| Les atouts de Michèle | | |
|---|---|---|
| **Valorisables ou perçus par les personnes concernées** | Oui | Le tour de main de Michèle est facilement reconnu par ceux qui voient sa production. |
| **Rares** | Oui | La gravure sur bois personnalisée et artisanale la distingue des gravures faites industriellement à bas coût. |
| **Non imitables** | Non | Sa technique artisanale est imitable, mais cela demande du temps et de la patience. |
| **Non substituables** | Non | Son offre est substituable dans la mesure où des clients potentiels peuvent acheter d'autres types de produits artisanaux (poterie, céramique…). |

### *Savoir identifier les facteurs clés de succès (FCS)*

Les FCS sont propres à chaque domaine. Ils peuvent ainsi être de plusieurs ordres :

– l'effet d'expérience (ou courbe d'apprentissage) : plus vous travaillez dans un domaine et mieux vous le connaissez ;

– la masse critique : c'est le seuil à partir duquel la taille de votre entreprise vous permet d'obtenir des gains de la part de vos fournisseurs ou une meilleure relation avec vos clients ;

– la synergie qui peut se résumer ainsi : 1 + 1 = 3 ;

– une différenciation qui vous distingue des autres (par exemple, l'emplacement pour les commerces)…

Vous pouvez trouver ces facteurs en rencontrant des professionnels du secteur, en lisant des revues, etc.

*L'expérience de Jean-Luc*

Jean-Luc peut compter sur son expérience dans la relation clients pour réussir dans son nouveau domaine. Il se différencie aussi de ses collègues par une meilleure connaissance de la technique et des interlocuteurs des projets. En revanche, il sait qu'il n'a pas suffisamment d'expérience dans tous les domaines couverts par la relation clients (avant-vente et après-vente) pour être directement polyvalent (masse critique).

Plus vos atouts se rapprochent des facteurs clés de succès du domaine considéré et plus votre mise en œuvre sera facilitée. L'inverse ne signifie pas que cela soit impossible : cela supposera peut-être une démarche différente ou plus de temps.

## 1.2 Où mettre en œuvre vos principales actions ?

Vous avez perçu l'écart éventuel entre vos atouts et les facteurs clés de succès du domaine envisagé. Vous savez que vous aurez à fournir un effort plus ou moins grand pour combler cet écart. Comment répartir au mieux vos efforts ?

Vous pouvez, pour cela, utiliser le modèle des six forces concurrentielles de Michael Porter (professeur américain de stratégie). Celui-ci estime que toute offre subit six forces concurrentielles, d'intensité variable :

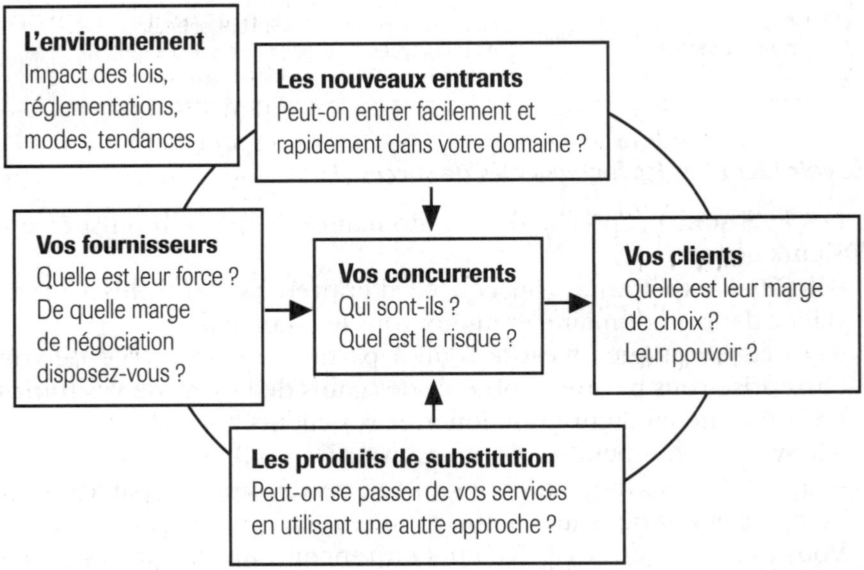


Chacun de ces facteurs peut avoir un impact sur vos actions de manière plus ou moins profonde. Ce graphique vous permet de bien répartir vos efforts et vos moyens.

*L'expérience de Michèle*

En dessinant ce graphique, Michèle prend conscience qu'elle se trouve face à de nombreux concurrents vendant des objets d'art, mais peu les réalisent sur place et même devant le client. Il n'y a guère de nouveaux entrants de ce style, les autres artisans sur bois préférant être uniquement artisan ou commerçant. Les fournisseurs sont nombreux (grande souplesse dans les prix et le choix). Les clients particuliers sont nombreux également et leur pouvoir d'imposer des normes est faible. Cela ne serait pas le cas si Michèle choisissait de vendre ses produits à des galeries d'art, peu nombreuses dans ce domaine. Enfin, les produits de substitution (objets de décoration : poterie, céramique...) sont nombreux. Dans ce contexte, ils constituent le véritable risque pour Michèle : comment faire preuve d'originalité ? Comment donner envie aux clients de choisir plutôt ses réalisations ? Voilà un challenge artistique qui lui convient.

### À retenir

Vous n'êtes pas seul. Vous vivez dans un environnement ouvert. Vous devez tenir compte des forces en présence. Cela ne doit pas vous faire reculer par peur de la concurrence, mais simplement vous aider à mieux doser vos efforts.

## 1.3 Choisissez le marketing approprié

Le marketing, c'est l'art d'adapter son produit au marché, que ce soit en l'adaptant physiquement ou en en vantant les usages au consommateur. Pendant longtemps, il a suffi d'appliquer de bonnes recettes pour se distinguer : être le meilleur (en termes d'image, de services…) était souvent une question de communication. Aujourd'hui, avec la multiplicité des offres, cela ne suffit plus. Il faut beaucoup plus se démarquer. Pour cela, vous avez le choix entre deux méthodes : la différenciation ou la focalisation.

◆ **Le marketing de la différenciation** vise à vous différencier aux yeux de vos interlocuteurs. Le choix de cette approche est fonction de la perception que vos interlocuteurs ont de la différenciation apportée et de la possibilité d'imitation des concurrents.

Vous pouvez choisir entre deux méthodes pour vous démarquer : accroître la valeur de votre offre par rapport à celle de référence ou… la diminuer. Si vous envisagez d'accroître la valeur de votre offre, vous pouvez le faire en jouant sur des détails (par exemple, le design ou l'ergonomie d'un produit), l'image mise en avant ou le service associé.

*L'expérience de Michèle*

Michèle peut se distinguer en produisant sur place les produits vendus.

Il est aussi possible de diminuer la valeur de référence par la réduction des coûts ou la limitation des fonctionnalités.

*L'expérience de Jean-Luc*

Jean-Luc, sur la base de son expérience, veut suggérer à sa direction de monter une plateforme téléphonique d'assistance qui permettrait de régler à distance 80 % des problèmes. Sa société pourrait ainsi se démarquer de ses concurrents par des coûts de service clients plus faibles.

◆ **Le marketing de la focalisation** consiste à choisir une niche sur laquelle vous recherchez un avantage concurrentiel.

Quelques méthodes : ciblez un noyau de clientèle, créez une base de données de celle-ci, personnalisez le service, etc.

> *Les expériences de Michèle et de Jean-Luc*
>
> Michèle pense se spécialiser sur l'objet moyen/haut de gamme très personnalisé ; les clients seraient prêts à payer un prix élevé pour cela.
>
> En échangeant au hasard des rencontres avec des collègues, des professionnels de son secteur et des clients, Jean-Luc a pris conscience que son atout était le mélange de la connaissance intime de la technique et de son goût de partager et de transmettre. Quels avantages cela lui donne-t-il ?
> Cet atout est facilement perçu par les personnes concernées (clients, interlocuteurs internes).
> Il est assez rare : les collaborateurs du service Relations clients n'ont pas, en général, une connaissance approfondie de l'outil informatique (ce n'est pas la qualité première qui leur est demandée). Les autres ingénieurs projets n'ont pas forcément le goût de la transmission et du conseil.
> Il n'est pas imitable facilement puisqu'il nécessite à la fois des connaissances théoriques importantes, une solide expérience et un rapport particulier à l'autre.
> Il est difficilement substituable dans la mesure où Jean-Luc peut faire seul ce qui d'ordinaire nécessite le savoir-faire d'un technicien Relations clients et les connaissances d'un ingénieur projets.
> Bien plus, son analyse de l'environnement concurrentiel lui confirme que la tendance est aux systèmes de plus en plus complexes (tendance de l'environnement) et à des exigences de services de plus en plus élevées de la part des clients.
> Ainsi, le poste de Jean-Luc correspondrait à un nouveau métier d'« ingénieur Relations clients ». Dans ce contexte, pour mettre en valeur sa candidature auprès de sa direction, il opte pour un marketing de focalisation en se centrant sur l'appui spécifique dont a besoin le dernier progiciel qu'il a contribué à mettre en œuvre.

## À retenir

Aujourd'hui, dans le monde complexe où vous vivez, vous pouvez avoir le sentiment que tout existe déjà et qu'il n'y a plus rien à inventer, en bref, que votre valeur n'est pas si distinctive des autres. À vous de faire reconnaître votre spécificité !

## 2. Bâtissez votre plan d'actions

Vous savez maintenant où aller et surtout quels sont les points clés à prendre en compte. Cap à l'« OUEST », mais pas n'importe comment.

Il faut organiser votre démarche sous la forme d'un plan d'actions. Que doit-il contenir ? Comment s'assurer de ne rien oublier ? Par quoi faut-il commencer ? Quel calendrier mettre en œuvre ?

### 2.1 Préparez une fiche de synthèse

Le plan d'actions répond à trois règles :
- il précise l'angle d'attaque ;
- il donne des orientations et des étapes claires ;
- il prévoit des ajustements en fonction des dérives.

Un plan d'actions peut aussi bien couvrir une période de 6 mois que de 5 ans. Si vous avez décidé de changer assez rapidement, il est possible que vous ayez tous les éléments en mains. Dans ce cas, un plan sur quelques mois vous accompagnera dans cette démarche. À l'opposé, vous pouvez découvrir, en traitant le « SUD » (vos freins et limites) ou l'« EST » (vos valeurs), que vous ne pouvez pas vous lancer immédiatement (pour des raisons familiales ou budgétaires, par exemple) et qu'il vous faut passer par une (ou plusieurs) étape(s) intermédiaire(s).

> Thierry souhaite se mettre à son compte comme courtier d'assurances. Il connaît bien le métier, travaillant déjà dans ce milieu. Pour lui, c'est une opportunité de revenir dans sa région natale. Toutefois, les études de ses enfants et les perspectives professionnelles de son épouse le conduisent à décaler son projet de 3 ans. Cela ne l'empêchera pas, entre-temps, de développer son savoir et de cultiver un réseau pour le jour « où ».

Quel format choisir ? Celui qui vous semble le plus souhaitable : sur ordinateur ou sur papier. À chacun sa méthode. L'essentiel est de bien distinguer la dimension « stratégique » (« NORD », « SUD » et « EST ») de la dimension opérationnelle (« OUEST »). Un classeur avec des intercalaires (un pour chaque direction) peut aussi convenir.

Prévoyez une feuille de synthèse du plan d'actions. Celle-ci vous permet d'avoir une vue globale de vos actions. Elle peut vous servir lorsque vous êtes contraint à des modifications pour en mesurer l'impact.

*L'expérience de Jean-Luc*

Voici un modèle de feuille de synthèse

| Plan d'actions de Jean-Luc | | | |
|---|---|---|---|
| **Thème** | Migrer d'un poste de responsable de projets vers un poste « Relations clients ». | | |
| **Direction** | Aider ses interlocuteurs à résoudre des problèmes techniques. | | |
| **Vision** | « J'animerai des équipes du département Relations clients. J'offrirai un support et une interface de qualité aux clients dans le domaine des relations clients. Ma contribution spécifique sera d'apporter une expertise technique tout au long de la chaîne clients. » | | |
| **Principaux objectifs** | **Liste des objectifs** | **Ce qui dépend de moi pour les atteindre** | **Ce qui ne dépend pas de moi** |
| **Objectifs fondamentaux** | Être muté aux Relations clients. Travailler sur un sujet à valeur ajoutée pour l'entreprise pour mieux m'imposer. | Contacter les bonnes personnes. Faire connaître les sujets qui m'intéressent. | Politique RH. Besoins en emploi. Conjoncture. Les priorités de la direction. |
| **Objectifs importants** | Travailler le plus longtemps possible près de mon lieu de travail actuel. Hausse de salaire. | Trouver des avantages. Montrer ma valeur ajoutée. | Politique RH. Les clients potentiels. Conjoncture. |
| **Objectifs secondaires** | Une équipe à manager. Une voiture de fonction. | Valoriser mon savoir-faire en transmission. Justifier le nombre des déplacements et leur coût. | Organisation. Us et coutumes de l'entreprise. |

## À retenir

Ne soyez pas trop prolixe : couchez simplement sur le papier des notes pour vous aider à y voir clair, à suivre vos étapes dans le temps et à tracer le fil rouge conducteur de votre démarche.

## 2.2 Utilisez le « Modèle du Soleil »

Votre deuxième tâche est de décliner les actions à réaliser. Comme celles-ci relèvent de plusieurs plans (personnel, familial, social et professionnel, court et long termes, etc.), il est plus simple pour vous d'utiliser une carte heuristique appelée « Modèle du Soleil ». Il s'agit d'un diagramme représentant les liens entre différentes actions. Cela permet de présenter graphiquement différents plans sur une même feuille.

*L'expérience de Michèle*

Michèle note son objectif dans le cercle central, puis trace plusieurs rayons représentant les domaines reliés à cet objectif. Les rayons secondaires partant de chacun des premiers rayons représentent des étapes de la mise en œuvre.
Voici une liste non exhaustive de sujets ou de notions à inclure dans le « Modèle du Soleil » : les compétences, les conditions, les connaissances, les achats, le matériel, le budget, les étapes...

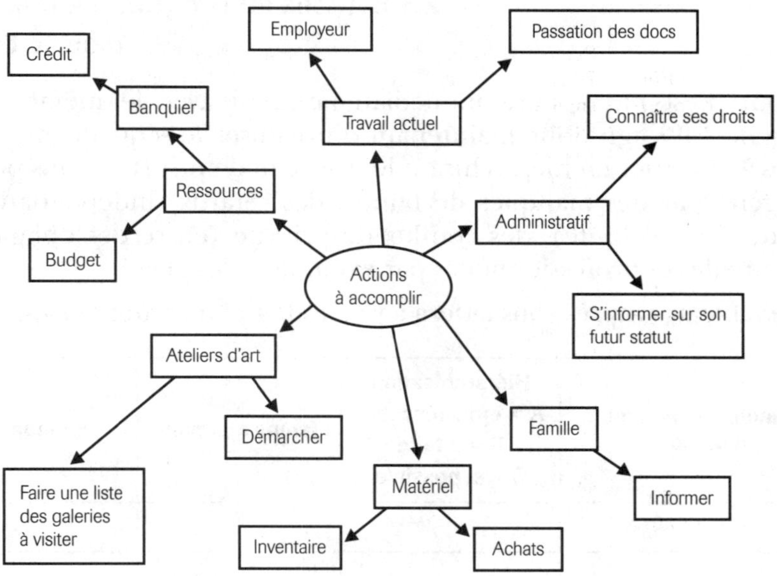


Cet outil offre plusieurs avantages :
- il est simple à réaliser ;
- il vous permet de noter au fur et à mesure toutes les tâches à accomplir par grands domaines ;
- il peut se partager à plusieurs ;
- il stimule l'imagination ;
- il se met à jour facilement...

Il présente aussi quelques limites :
– il peut être rapidement compliqué ;
– il ne prend en compte que deux dimensions ;
– il ne pondère pas les éléments…

**Conseil pratique**

Une astuce : réalisez-le simplement à l'aide d'un crayon et d'un papier. Il existe des logiciels spécialisés (comme MindManager ou FreeMind) mais leur usage n'est intéressant que si vous les utilisez régulièrement[a].
Le « Modèle du Soleil » vous permet d'avoir devant vous une carte globale de l'ensemble des tâches à mettre en œuvre.

a. Si vous souhaitez aller plus loin, vous trouverez dans la bibliographie un livre sur le sujet.

### 2.3 Bâtissez un programme d'actions dans le temps

Tout n'est pas à faire immédiatement, ni avec le même degré d'urgence. Il s'agit donc maintenant d'organiser le séquencement des tâches à effectuer en hiérarchisant leur niveau de priorité. Vous pouvez être gêné par des manques de temps, des retards (indépendants ou non de votre volonté), des conflits de priorité (entre des obligations personnelles et professionnelles par exemple), des aléas…

Le tableau ci-après vous aidera à y voir clair et à garder le cap.

| Principales actions à prévoir | Hiérarchisation<br>A = indispensable<br>B = à faire<br>C = si possible | Temps à prévoir | Échéance |
|---|---|---|---|
| | | | |
| | | | |
| | | | |
| | | | |
| | | | |
| | | | |

Un projet comporte un nombre de tâches plus ou moins grand à réaliser dans les délais impartis et selon un agencement bien déterminé.

Le diagramme de Gantt (du nom de l'ingénieur Henry L. Gantt qui le créa en 1917) est un outil utilisé en gestion de projet. Il permet de planifier le projet et de rendre plus simple le suivi visuel de son avancement. Il répond à deux objectifs : planifier de façon optimale et communiquer sur le planning établi et les choix qu'il impose. Il se réalise en quatre temps (le tableau précédent représente les deux premiers temps) :

1) Déterminer et structurer la liste des tâches à réaliser pour mener à bien le projet.

2) Estimer les durées et les ressources.

3) Réaliser le réseau logique (l'enchaînement des tâches).

4) Tracer le diagramme de Gantt.

Cette démarche permet de mettre en lumière le fait que des tâches doivent être réalisées durant les mêmes périodes. Regrouper et effectuer dans le même temps certaines tâches réduit la durée du projet aussi bien que ses coûts (financier et moral). Il faut toutefois vérifier la disponibilité des ressources en regardant, dans le tableau d'affectation, les ressources utilisées plusieurs fois.

| **Actions** | **Mois 1** | **M2** | **M3** | **M4** | **M5** | **M6** | **M7** |
|---|---|---|---|---|---|---|---|
| A1 | | | | | | | |
| A2 | | | | | | | |
| B1 | | | | | | | |
| … | | | | | | | |

Dans le prochain chapitre, vous étudierez comment maximiser vos chances de réussite en éclatant ces actions en petites unités de temps.

*L'expérience de Jean-Luc*

Après avoir réalisé son « Modèle du Soleil », Jean-Luc peut lister les actions à réaliser.

| **Principales actions à prévoir** | **Hiérarchisation**<br>**A = indispensable**<br>**B = à faire**<br>**C = si possible** | **Temps à prévoir** | **Échéance** |
|---|---|---|---|
| 1. Mieux se faire connaître des principaux interlocuteurs du service Relations clients | B | De 1 à 2 mois | Dans les 2 mois à venir |
| 2. Obtenir des lettres ou mails de ses clients sur sa valeur ajoutée | B | 1 mois | Dans les 2 mois |
| 3. Profiter du prochain entretien annuel pour en parler à son responsable | B | 2 heures | L'entretien de mi-année est prévu dans 2 mois |
| 4. Montrer à la direction que j'aurai plus de valeur que dans l'animation d'un grand projet | A | 15 jours | Très rapide (dans le mois) |
| 5. Chercher un remplaçant pour ce projet | C | 2 mois | Dans les 3 à 4 mois |
| ... | | | |

Comme le délai est court avant le lancement du prochain projet que sa direction souhaite lui confier (3 à 4 mois), Jean-Luc décide de concentrer son approche sur cinq interlocuteurs et veut profiter des mails ou lettres envoyés plus ou moins spontanément par les clients pour valoriser auprès de ses responsables sa valeur ajoutée.

Il craint que ses interlocuteurs choisissent de promouvoir un ingénieur en poste au service Relations clients à un poste de manager. Il décide d'orienter son argumentation non sur son goût de la relation client, mais sur les nouvelles demandes des clients qui souhaitent des personnes techniquement plus qualifiées pour ce travail. Il construit une argumentation qui montre que dans les derniers appels d'offres reçus de clients, la part de l'assistance technique devenait de plus en plus prépondérante, d'où la nécessité pour son entreprise de revoir (en partie) les profils des ingénieurs de ce service pour se différencier.

### Conseil pratique

Le diagramme de Gantt permet de visualiser facilement le déroulement du projet, ainsi que de prévoir suffisamment à l'avance les actions à faire ou auxquelles penser, comme la commande de matériel qui prend parfois beaucoup de temps. Vous pourrez aussi gérer plus facilement les conflits de ressources et les éventuels retards, en visualisant leur impact sur le déroulement du projet. En outre, le diagramme de Gantt est un bon outil de communication avec les différents acteurs du projet.

## 2.4 Assurez la réussite de vos actions

Toute tâche nécessite la prise en compte de quatre aspects :
– Quelles sont vos priorités ? Comment utiliser votre **T**emps ?
– Quelles **A**ttitudes (savoir-être) devez-vous posséder ?
– De quelles compétences [**S**kills] (savoir-faire) devez-vous faire preuve ?
– Quelles connaissances [**K**nowledge] (savoir) devez-vous maîtriser ?
Pensez à distinguer les dimensions que vous possédez déjà et celles que vous devez développer. Cela peut vous conduire à décaler votre calendrier ou, au contraire, à anticiper des actions en amont.

Pour cela, servez-vous de l'outil TASK.

| | Existant | À développer | Qui peut me soutenir ? | Plan d'actions |
|---|---|---|---|---|
| Temps | | | | |
| Attitudes | | | | |
| Compétences (Skills) | | | | |
| Connaissances (Knowledge) | | | | |

*L'expérience de Michèle*

Si Michèle souhaite ouvrir une boutique, seule ou en association, elle prend conscience, en remplissant le tableau précédent, de l'importance de suivre un stage de formation à la gestion d'un commerce. Il lui faut donc anticiper cette action pour être prête au moment de l'ouverture de sa boutique-atelier. En effet, la non-prise en compte de charges (impôts, taxes, cotisations sociales...) peut conduire à de mauvaises estimations du prix de revient et à des problèmes de rentabilité.

## Pour aller plus loin

Vous avez du mal à structurer votre réflexion à ce sujet ? Vous ne savez pas comment estimer vos compétences ? Faites un bilan de compétences !
C'est une démarche formalisée qui vous permet un travail personnel de réflexion et d'analyse guidé par un conseiller spécialisé, au sein d'un organisme habilité. Il vous permet de vérifier l'adéquation de votre démarche ou de votre projet professionnel avec vos compétences. Il peut être pris en charge par votre employeur ou par l'organisme paritaire agréé pour votre secteur. Dans tous les cas, l'organisme agréé est tenu à une obligation de confidentialité vis-à-vis de tiers (et notamment de votre employeur).
Quelques sites à consulter :
- www.annuaire-centres-bilan.com
- www.iciformation.fr/bilan
- www.fongecif.fr

*L'expérience de Jean-Luc*

Jean-Luc peut maintenant construire son tableau de progrès.

| | Existant | À développer | Qui peut me soutenir ? | Plan d'actions |
|---|---|---|---|---|
| **Temps** | Sais gérer mes priorités | Savoir persuader en mode urgence | Légitimité hiérarchique | Développer mon réseau en interne |
| **Attitudes** | À l'aise avec les clients | Gestion de conflits | Service formation | Obtenir une formation |
| **Compétences (Skills)** | Techniques sur plusieurs projets | Élargir mes compétences sur d'autres types de projets | Collègues des Relations clients | Se documenter |
| **Connaissances (Knowledge)** | Techniques | Réglementation Contrats | Direction juridique | Programmer un RDV |

Vous voilà maintenant fin prêt pour lancer votre plan d'actions. Vous avez pu noter que sa réussite dépend, sur nombre de points, de l'association, voire de l'implication de soutiens divers, qu'il s'agisse de votre famille, de vos amis ou de vos collègues et confrères. Comment les y associer ?

**À retenir**

Structurer sa démarche, c'est se mettre en condition pour se donner le maximum de chances de réussite.

## 3. Impliquez votre entourage

Vous n'êtes pas seul dans votre démarche. Votre entourage, par une attitude de soutien ou au moins de neutralité, peut vous aider à la réussir. L'image véhiculée par les médias de la personne volontaire qui réussit envers et contre tout (y compris avec un entourage hostile) est l'exception plutôt que la règle.

### 3.1 Qui informer ?

Votre conjoint peut avoir une activité professionnelle qui limite sa marge de manœuvre en cas de changement de lieu. Vos enfants ont peut-être des contraintes scolaires (examens à passer, par exemple). Vos moyens financiers et votre temps disponible peuvent être limités par toutes sortes de contraintes temporaires ou permanentes. Il en est de même de la disponibilité de vos amis, collègues, relations professionnelles…

Même si votre projet (personnel ou professionnel) vous concerne en premier lieu, prenez conscience que plus les changements induits seront importants, plus il impactera votre entourage, que ce soit sur les plans matériel (baisse de revenu), physique (changement de lieu), mental (disponibilité d'esprit)…

Les gains sont à la hauteur du temps que vous investirez. Les personnes associées :

– comprennent mieux le sens de vos actions ;
– peuvent vous apporter un regard différent et vous aider à relativiser certains aspects ;
– contribuent par leur écoute au développement de votre confiance en vous.

Tirer parti de votre entourage, c'est à la fois rechercher ceux qui vous soutiennent, mais aussi ceux qui font preuve de critiques constructives. Leurs questions peuvent vous ouvrir des alternatives auxquelles vous n'aviez pas songé.

Pour cela, élargissez votre cercle de contacts (voir « Choisissez votre démarche marketing », p. 117) : rencontrez des personnes qui sont dans la même situation que vous, faites appel à un ou plusieurs amis expérimentés dans ce domaine pour qu'ils vous servent de mentors, allez à la rencontre de personnes du milieu dans lequel vous souhaitez évoluer.

Si votre entourage proche vous apporte sécurité psychologique et soutien moral, vos nouveaux contacts vous apporteront un regard sur votre nouveau milieu :

– sa culture ;
– son système de valeurs ;
– son mode de communication ;
– son langage…

Pour lister les personnes à informer, vous pouvez construire une approche à trois niveaux :

| | **Qui ?** | **Est-ce important de leur parler ?** | **Que pouvez-vous attendre (ou craindre) d'eux en retour ?** |
|---|---|---|---|
| Le 1$^{er}$ cercle<br>Vos proches | | | |
| Le 2$^{e}$ cercle<br>Votre entourage familier (famille au sens large, amis, collègues) | | | |
| Le 3$^{e}$ cercle<br>Vos contacts épisodiques (relations privées ou professionnelles) | | | |

Cette liste vous permet non seulement de bien distinguer les attentes et les motivations de chaque niveau, mais aussi de différencier les messages à adresser.

Prenez garde de bien différencier les influences positives et négatives (voire « opposées »).

Toutes ces actions vous permettront d'entendre des exemples concrets, vous donneront du cœur et de l'énergie à l'ouvrage.

### Pour aller plus loin

Vous souhaitez trouver des contacts dans le milieu vers lequel vous souhaitez aller ? Vous pouvez joindre :
– l'association des anciens élèves de votre école ou de votre université ;
– le réseau des anciens de votre entreprise (ou de vos entreprises passées) ;
– les associations professionnelles (par exemple www.andrh.fr, pour les professionnels de la fonction RH) ;
– le portail des chambres de commerce (www.cci.fr) ;
– les portails spécialisés de votre futur métier (par exemple, la maison des artistes www.lamaisondesartistes.fr) ;
– l'agence pour la création d'entreprise (www.apce.com) ;
– les Français à l'étranger si vous songez à vous expatrier (www.mfe.org)...

*Les expériences de Michèle et de Jean-Luc*

Michèle peut facilement parler à son compagnon qui est tout acquis à son projet et souhaite la voir évoluer. Elle doit prendre plus de précautions avec ses parents qui ont une conception plus ancienne de la vie professionnelle et risque de la mettre en garde : « Tu as une bonne place. Garde-la ! », « Je connais quelqu'un qui a tout perdu »... Elle devra les prévenir par étapes avec des faits probants pour éviter l'impact de leur langage négatif.

Jean-Luc a besoin de faire le point avec son conjoint et ses enfants sur les éventuelles possibilités de déménagement, les gains et les risques associés. Il peut aussi trouver un appui auprès de certains de ses collègues, qu'ils soient dans son service actuel ou dans le service convoité, au travers de leurs conseils.

### À retenir

Tout l'enjeu est de faire participer votre entourage à cette démarche, afin de bénéficier de son appui et soutien moral positif.

## 3.2 Quels messages leur adresser ?

Vous pouvez vous appuyer sur le test réalisé au chapitre 4 (p. 95) qui croisait votre vue sur votre projet et celle sur votre environnement (celui-ci inclut vos proches, vos amis...).

Après avoir vérifié s'ils ont les bonnes informations sur la situation, vous pouvez en déduire les messages à délivrer :

– vous croyez à votre projet et votre entourage également : l'échange peut être encourageant ;

– votre projet est bien avancé, mais votre entourage doute. Si c'est la partie financière qui fait hésiter, montrez-leur que vous avez sécurisé votre situation. Si c'est la charge de travail, sachez faire des concessions. Si le risque est émotionnel (vos proches ont peur de l'insécurité), rapprochez-vous de personnes qui ont vécu de telles situations. Leur énergie peut vous conforter et rassurer vos proches ;

– vous n'y croyez pas encore, votre entourage non plus. Peut-être est-ce trop tôt ? Toutefois, il faut bien un début à tout ! Continuez à travailler à votre projet et rencontrez des personnes qui ont suivi le même parcours ;

– vous n'y croyez pas alors que votre entourage vous encourage. Vous semblez manquer de confiance en vous et/ou de préparation. Qui a raison ? Vous ou votre entourage ?

**À retenir**

C'est votre attitude, votre calme, votre détermination qui joueront le plus grand rôle pour convaincre votre entourage.

### 3.3 Comment tirer parti de vos alliés ?

La diffusion de l'information peut se faire progressivement. Il faut en effet savoir que toute mise en œuvre de projet passe par trois grandes phases :

– une phase d'euphorie et d'exaltation où tout vous semble facile et où vous êtes sûr de réussir. L'avantage pour vous est que vous êtes plein d'énergie. L'inconvénient est que vous en oubliez parfois d'écouter des conseils élémentaires de prudence (par exemple, vous sous-estimez les délais) ou d'expérience (par exemple, telle demande d'autorisation prend plus de temps que prévu) ;

– une phase d'angoisse et de doute : les difficultés s'amoncellent (les délais sont plus longs que prévus, les réponses tardent à venir…). Vous aurez tendance, à ce moment, à tout voir en noir et à douter de vous-même et de votre projet. Vous n'entendrez pas les marques de confiance de votre entourage, mais serez réceptif aux idées noires des prêcheurs de mauvaises nouvelles ;

– une phase de maturation : progressivement, vous commencez à y voir clair et à relativiser les aléas. Vous avez pris du recul et commencé à apprécier les points positifs de votre projet. Votre oreille filtre mieux les conseils.

Tous ces contacts vous éviteront peut-être de commettre les quelques erreurs les plus fréquentes :

– vouloir aller trop vite : si votre projet est important pour vous, il n'est qu'un projet parmi d'autres pour vos interlocuteurs. Apprenez à composer avec le mode de travail ou de pensée de vos interlocuteurs ;

– transposer les codes d'un milieu à un autre : la notion de réactivité, les usages vestimentaires ou de langage, par exemple, varient beaucoup d'un domaine à l'autre ;

– critiquer ce qui se fait dans votre futur univers : les usages ont une origine et des raisons ; ils changent lentement.

> *L'expérience de Michèle*
>
> En rencontrant des artisans d'art, Michèle découvre un univers très différent de son univers professionnel actuel. Les personnes sont passionnées par leur métier, plus ouvertes, d'un accueil plus chaleureux mais aussi plus individualistes et moins organisées. La compétition est féroce au niveau des idées et de la réussite.

## 4. Communiquez, communiquez !

Le meilleur support de votre projet, c'est vous-même. Vous allez donner vie à votre vision au travers de vos déclarations, de la manière de vous mettre en avant et des preuves que vous saurez apporter tout au long de votre plan d'actions.

### 4.1 Faites preuve de charisme

Il s'agit tout d'abord de donner la meilleure image de vous-même en étant enthousiaste. Pour cela, nul besoin d'être exubérant ou suroptimiste (cela ne trompe personne), mais il faut faire preuve d'une grande confiance en soi.

Avoir une attitude enthousiaste et positive tout au long de votre démarche demande à la fois :

– beaucoup d'efforts, parce votre démarche peut mettre des mois, voire des années à aboutir. Parfois, cela peut être plus rapide, mais l'effort est alors intense sur une courte période (lors de changement d'emploi, par exemple) ;

– de la préparation, parce que comme tout athlète, la capacité à produire un effort soutenu (et hors du commun par rapport à ce que vous vivez aujourd'hui) demande un entraînement régulier, une alimentation adaptée et une bonne résistance aux imprévus que vous rencontrerez sur votre chemin.

Vous avez déjà abordé cette notion de charisme lorsque vous avez étudié comment aligner l'image que vous avez de vous-même dans votre comportement et dans votre attitude (voir « Projetez cette dimension dans l'image actuelle que vous avez de vous-même », p. 66). Il s'agit maintenant d'aller un stade plus loin.

Comment développer cette confiance en vous ? Cela se joue à deux niveaux.

◆ **Au niveau factuel** : cette confiance en soi est le propre d'une bonne connaissance de soi (voir chapitre 2, p. 41), d'une vision claire de ce que vous voulez faire (votre « NORD »), de la cohérence de celle-ci avec vos valeurs (votre « EST ») et de la levée de vos freins (votre « SUD »). Si, à ce stade, vous avez un doute sur vos capacités, sur la faisabilité ou sur tout autre point, revenez-en arrière pour travailler ces éléments.

### Pour aller plus loin

Si vous souhaitez évoluer, voire changer de carrière, préparez (pour vous) un argumentaire où vous mettrez en évidence :
– les compétences existantes qui peuvent vous permettre de réussir dans cette nouvelle voie ;
– votre désir de vous former pour acquérir les compétences complémentaires (et les premières actions réalisées) ;
– des références en ce domaine.
Qu'attendent vos interlocuteurs d'une référence que vous mettez en valeur ? Face à un problème, ils veulent apprécier quelle solution vous avez mise en œuvre et le résultat obtenu. Cela met en valeur des compétences précises.

### *Outil de mise en valeur de vos compétences*

Utilisez des verbes d'action (j'accomplis, j'analyse, j'installe) et non des verbes dénotant un comportement neutre ou vague (participer, surveiller, être responsable).

| | |
|---|---|
| **Problème** | |
| **Solution** | |
| **Résultats obtenus** | |
| **Compétences mises en œuvre** | |

Ces arguments renforceront votre confiance en vous, par la crédibilité qu'ils vous donneront aux yeux d'autrui.

◆ **Au niveau émotionnel** : les travaux du psychologue américain Albert Merhabian (1939-) ont montré que, lors de la transmission d'un message, votre interlocuteur retient à 85 % le ton et la gestuelle (les mots ne comptent que pour 15 %). Dans ce contexte, prenez conscience de votre respiration, de votre posture au sol et donnez de la présence à votre regard. Cela se travaille (avec des professionnels) et vous aidera à développer votre confiance en vous.

Le charisme est aussi la capacité à influencer. Si nombre de personnes croient que le charisme est inné, il est en fait présent en chacun de nous et ne demande qu'à être réveillé et/ou stimulé.

Selon un article de la revue *Management* (avril 2006), le charisme peut se présenter sous les traits de six formes de personnalité :
- le tribun (Jean-François Dehecq de Sanofi-Aventis) qui impressionne par sa stature, sa voix, sa gestuelle ;
- le passionné (Michel-Édouard Leclerc) qui, habité par ses idées, convainc par sa sincérité ;
- le visionnaire (Steve Jobs d'Apple), qui fait rêver et entraîne loin son auditoire ;
- la séductrice (Ségolène Royal), qui rend ses interlocuteurs importants à ses yeux ;
- le guerrier (Nicolas Sarkozy), qui impressionne par son énergie ;
- l'énigmatique (Maurice Lévy de Publicis), qui sait écouter et... être discret à la fois.

Toutes les personnes charismatiques, quelle que soit leur forme de charisme, partagent néanmoins quelques caractéristiques :
- elles croient en ce qu'elles disent ou font ;
- elles transmettent un message avec passion ;
- elles donnent à leurs interlocuteurs un sentiment d'écoute et de partage ;
- elles partagent leurs émotions.

### Pour aller plus loin

Une étude de l'EDHEC[a] auprès de dirigeants révèle que ceux-ci considèrent que le leadership et le charisme sont innés. Paradoxalement, 71 % de ces mêmes dirigeants, interrogés sur leur définition du leadership, pensent qu'il repose sur des compétences interpersonnelles (communication, motivation, empathie, écoute) qui peuvent s'apprendre. C'est toute la contradiction de cette terminologie...

C'est cette conviction que vous êtes sur le bon chemin, la bonne voie, que c'est VOTRE projet, celui qui vous correspond et auquel vous croyez qui vous permettra d'en parler d'un ton ferme et convaincu.

a. V. Petit, 2006.

## 4.2 Comment faire connaître votre projet ?

Il y a l'art et la manière de le faire savoir : des méthodes directes (le dire ouvertement et clairement à la personne idoine) aux approches indirectes (le faire savoir par intermédiaire, le laisser entendre). Tout dépend des cas de figure : vous êtes chômeur et à la recherche d'emploi, vous souhaitez une mobilité à l'intérieur de votre entreprise, vous désirez changer totalement d'activité et de style de vie... La méthode appropriée varie selon les cas, votre personnalité et... celle de votre interlocuteur.

Pour déterminer la méthode de communication qui vous convient, procédez en trois temps :

◆ **Identifiez la cible que vous souhaitez toucher**. Commencez par une cible restreinte, quitte à l'élargir au fur et à mesure de vos contacts. Une cible de petite taille vous permettra une approche personnalisée, que ce soit par lettre, téléphone ou mail. Aujourd'hui, vos interlocuteurs et vous-même êtes submergés par des informations diverses et variées.

Lors de la recherche d'un emploi, une lettre « standard » a 99 % de chances de finir à la poubelle, à moins que vos contacts ne recherchent justement votre profil. À titre d'exemple, Total reçoit 30 000 lettres de candidature par an et les courriers sont traités électroniquement.

*L'expérience de Jean-Luc*

Jean-Luc identifie cinq interlocuteurs clés pour sa démarche : son responsable (qui peut ou non faciliter son départ), le responsable du département Relations clients, le responsable commercial (qui peut

> voir l'intérêt en termes de services pour ses clients), le responsable ressources humaines et le directeur général qui en sera informé.

◆ **Construisez vos arguments**. Il existe un principe qui a fait ses preuves dans la vie privée et en marketing : il vaut mieux être demandé que demandeur (c'est tout le jeu de la séduction). Dans ce cas, mettez plutôt en valeur les bénéfices pour votre interlocuteur que les avantages de votre proposition (c'est votre angle de vue, pas celui de votre interlocuteur qui ne s'y reconnaîtra pas forcément).

> *L'expérience de Michèle*
>
> Michèle a rencontré un propriétaire de galerie d'art pour lui proposer une association. Elle a donné tous ses arguments : son savoir-faire, la qualité de sa production, le gain économique que cela peut représenter, l'énergie qu'elle peut y consacrer, etc. Le propriétaire est resté dubitatif.
> Après avoir échangé avec son compagnon, elle décide de changer de mode d'approche. Un nouveau contact lui permet de tester une autre façon de faire : elle s'intéresse à ses attentes et besoins et découvre qu'il veut diversifier sa clientèle. Le simple fait de faire valoir que ces réalisations sont complémentaires de celles qu'il expose dans sa galerie rend son interlocuteur très à l'écoute de sa proposition.

◆ **Pour approcher ou trouver les interlocuteurs clés de votre cible, faites jouer votre réseau social** si besoin est : votre famille, vos amis, vos commerçants habituels, vos anciens employeurs, les anciens de votre école, des anciens clients, des fournisseurs, des relations de clubs, des syndicats professionnels, les associations dont vous faites partie…

> *Les expériences de Jean-Luc et de Michèle*
>
> Jean-Luc peut faire valoir des témoignages de clients, de collègues…
>
> De même, pour Michèle, le monde de l'artisanat d'art est « petit » : elle peut avoir de la famille, des amis qui connaissent quelqu'un dans ce milieu et de fil en aiguille nouer des contacts.

Parallèlement à cette démarche, continuez à vous informer et à diffuser de l'information :

– restez en veille grâce à la presse spécialisée, Internet, des annuaires qui vous donnent des contacts supplémentaires. L'information est surabondante et il vous faut trier ce que vous cherchez ;

– communiquez avec des personnes dans la même situation que vous ou exerçant cette activité. Sur Internet, il existe de nombreux réseaux sociaux (Viadeo, Linkedin, Facebook, etc.) qui sont des groupes d'échanges et de partage sur quasiment tous les sujets ;

– vous pouvez aussi toucher de nouveaux interlocuteurs en ouvrant un site ou un blog (plus simple à mettre en œuvre et à faire vivre) autour de vos centres d'intérêts.

*L'expérience de Michèle*

Michèle, en surfant sur Internet a trouvé des groupes de partage sur la gravure sur bois. Les échanges qu'elle a pu avoir avec les membres l'ont incitée à mettre en avant ce qu'elle a fait sous forme d'un blog. Très rapidement, quelques centaines de visiteurs par mois ont admiré et commenté ses réalisations. Elle est elle-même la première surprise de ce retour. Cela la conforte dans sa démarche.

## À retenir

Prenez en compte toutefois que votre projet ne sera jamais parfaitement bouclé, que nombre d'aléas viendront l'impacter et peut-être en modifier la trajectoire. Et quand bien même il ne réussirait pas pour de multiples raisons, la démarche vous aura fait grandir.

7

CHAPITRE

# Faire preuve de persévérance… dans la direction choisie

*« Personne ici-bas ne termine ni n'achève. »*

Victor Hugo

Vous voilà maintenant dans la phase de mise en œuvre de votre projet. Vous êtes plein d'énergie et de bonne volonté. Pourtant, au fur et à mesure que le temps s'écoule, les imprévus, les aléas, la fatigue et le temps vont user votre ardeur. La tentation de procrastiner, voire d'abandonner certains de vos objectifs va être de plus en plus forte. Bien plus, vous risquez de vous remettre en cause, peut-être à juste titre : avez-vous pris les bonnes décisions ? Vos choix sont-ils si cohérents ?

Il s'agit donc, dans cette étape, à la fois de savoir maintenir le cap, de contourner les embûches qui vont se présenter sur le chemin et aussi de mesurer les écarts qui peuvent se révéler entre vos « NORD », « SUD », « EST » et « OUEST ».

## 1. Sachez progresser sûrement

Vous avez bâti votre plan d'actions et vous voilà en chemin. Comment vous placer dans une dynamique de succès ? Comment avancer pas à pas dans la bonne direction ? Imaginez que vous conduisiez votre voiture et que sur la route il n'y ait pas de panneaux de signalisation : comment saurez-vous où vous êtes ? Comment apprécierez-vous votre progression ? Comment pourrez-vous vous assurer que vous êtes dans la bonne direction ? Vous n'avez aucun moyen de le savoir !

Vous pouvez avoir envie d'« aller plus vite que la musique », mais l'environnement peut vous contraindre à plus de modération et vous faire commettre des actes inadéquats. Il vous faut donc apprendre à progresser de manière organisée.

### 1.1 Adoptez une « politique de petits pas »

Lorsqu'un projet vous enthousiasme, vous pouvez croire (ou espérer) que votre énergie et votre courage vous permettront de convaincre votre entourage et de stimuler l'environnement. Mais les réalités sont là, vos proches ont d'autres préoccupations, les délais administratifs restent les mêmes et les réponses diverses et variées peuvent prendre du temps.

Pour progresser plus sereinement, vous avez alors besoin de découper en petites étapes votre plan d'actions. Si vous vous donnez des étapes trop longues (en termes de temps, par exemple), vous risquez d'échouer et d'abandonner vos rêves et votre vision. Il est donc sage de se fixer des étapes qui ne soient ni trop grandes (pour éviter les échecs) ni trop petites (cela a un impact négatif sur la motivation).

Reprenez votre plan d'actions (voir chapitre 6, p. 117) et divisez vos objectifs en de multiples buts à plus court terme. Lorsque vous gravissez une montagne, le chemin peut vous paraître long, voire sans fin. Si vous vous donnez des buts à intervalles réguliers (atteindre un refuge, marcher jusqu'à un col...), l'ascension vous paraît plus facile puisque vous pouvez mesurer votre progression. À ces étapes, un bref regard en arrière vous permet de mesurer le chemin parcouru. Il en est de même pour votre parcours.

Pour cela, reprenez les premières étapes que vous vous êtes fixées pour réaliser votre vision et choisissez ce que vous allez faire en semaine 1. Puis :

- vérifiez que ces actions sont bien en ligne avec votre vision et vos buts ;
- assurez-vous que ces efforts peuvent être facilement appréciés et mesurés ;
- inscrivez ces actions dans votre agenda ;
- en fin de semaine, appréciez les résultats de vos efforts de la semaine passée ;
- fixez-vous de nouveaux objectifs.

## À vous de jouer !

| | Actions | Résultats |
|---|---|---|
| Semaine 1 | | |
| Semaine 2 | | |
| Semaine 3 | | |
| … | | |

## Soyez précis pour faciliter la mesure du résultat !

> Envoyer 3 lettres de candidature, écrire un texte de 900 mots pour mon blog, obtenir 2 devis pour repeindre le bureau, perdre 1,5 kg… (Il est important de mesurer vos progrès au travers des chiffres ou des observations qui vous permettront d'évaluer précisément si vous êtes sur la bonne voie ou non.)

### Utilisez la technique « SMART » pour fixer vos objectifs !

Il s'agit d'une technique utilisée en entreprise pour apprécier la qualité d'un objectif.
Un objectif doit être :
- **S**pécifique
- **M**esurable ou Observable
- **A**tteignable
- **R**éaliste
- Suivant un laps de **T**emps déterminé (suggestion : la semaine)

Ce mode de planning hebdomadaire est probablement l'action la plus efficace pour progresser.

> *L'expérience de Michèle*
>
> Michèle est maintenant dans la mise en œuvre de son projet. Elle supporte de moins en moins bien de travailler à son bureau et s'imagine déjà dans une galerie d'art. Heureusement, sur les conseils de son compagnon, elle a divisé sa démarche en petites étapes qui, mises bout à bout, prennent toujours autant de temps, mais lui permettent de patienter.
> Première étape : rencontrer ce week-end au moins deux responsables de galeries d'exposition afin d'avoir une idée plus large des propositions et des contrats d'association.

Deuxième étape : visiter le week-end prochain des salons d'art pour savoir ce qui se fait, ce qui est demandé et en quoi son approche correspond à une demande.
Troisième étape : programmer dans 15 jours la visite d'un site touristique réputé pour ses artisans…
Michèle s'est fixée comme objectif pour sa première étape de rencontrer des propriétaires de galeries : son objectif est concentré sur une cible précise. Cela suppose d'en contacter plusieurs (4 à 6 ?) pour obtenir des rendez-vous. L'objectif est atteignable. Elle concentre ses visites sur des sites à proximité de chez elle.

### À retenir

Lao Tseu, le sage chinois, a résumé cette démarche dans une de ses maximes : « Un voyage de mille lieues commence toujours par un premier pas. »

## 1.2 Votre agenda sera votre compagnon de route

Un agenda est la méthode la plus simple pour planifier vos actions sur une base hebdomadaire et mesurer votre progression. Il peut être sur papier ou électronique, sur une base fixe ou mobile. Il sera votre compagnon lors de ce voyage.

Choisissez de préférence un agenda qui vous permet d'avoir des vues mensuelles, hebdomadaires et journalières. Le tableau mensuel offre un large regard et vous permet d'organiser les actions et d'en apprécier le déroulement. Une feuille hebdomadaire est utile pour la planification de la semaine et l'insertion d'actions clés. Enfin, la page journalière vous permet de programmer votre temps et d'y reporter la liste des actions à réaliser.

### Un peu d'histoire

Les agendas n'étaient pas d'un usage courant jusqu'au début du siècle dernier. Ils étaient surtout utilisés sur les bateaux, dans l'armée et dans l'administration. « Calendrier » vient du latin et signifie « registre des dettes ». Ce terme est formé sur « *calendae* » qui désigne le premier jour du mois chez les Romains. Les « *Calendae* » (du verbe « *calo* » qui signifie « placer, poser ») sont à l'origine les jours repères, fixés pour le paiement des échéances. Le tout était consigné sur un « registre de dettes ».
Si vous n'utilisez pas encore un tel agenda, c'est le bon moment de vous en procurer un et de commencer à en faire bon usage.

### 1.3 Organisez une « boucle de réussite »

À chaque étape (et mini-étape), placez-vous dans une boucle de réussite (vous avez déjà eu un aperçu de cette démarche au chapitre 4, voir p. 102).

Pourquoi la mettre en œuvre dans vos actions de progrès ? Parce que vous êtes habitué à échouer ! Il est exceptionnel qu'une personne puisse prétendre avoir été, à l'école, le premier à la fois en mathématiques et en lettres et en sports et en langues... Comme vous avez grandi dans une société où il est habituel de se comparer, vous mesurez en permanence vos résultats à ceux des autres. Vos enseignants et vos mentors ont souvent mis cela en avant.

Cependant, en vous comparant aux autres, vous constatez qu'il y a toujours quelqu'un qui est meilleur que vous en quelque chose. Cela peut créer, au fil du temps, une « psychologie du perdant » et, par conséquent, une appréhension au moment d'entreprendre de nouvelles missions. Cela est souvent associé à une « vision perfectionniste » paralysante qui vous dit « tant que tout n'est pas réglé dans les plus petits détails, ne bougez pas » (pensez en typologie comportementale à la dimension « MINUTIEUX », voir p. 43).

L'approche par la « politique des petits pas » vous aide à surmonter ces blocages. Quand vous faites un petit pas, vous devez pouvoir le mesurer et l'apprécier comme un succès obtenu.

D'où l'intérêt de la boucle de réussite :

Je lance une étape
↓
Je la mets en œuvre
↓
J'en récolte les fruits
↓
Je la fête et crée ainsi une nouvelle croyance positive à ce sujet

Le fait de fêter l'aboutissement de chaque étape vous permet d'enraciner votre démarche et de savourer son avancée. Cela secrète des pensées positives qui vous serviront lors de difficultés.

Vous pouvez fêter une étape aussi bien en allant au restaurant avec vos proches qu'en écrivant noir sur blanc votre réussite et en l'affichant. N'hésitez pas à diversifier les manières de fêter vos petits et grands succès : sortir, s'offrir un cadeau, faire quelque chose d'extraordinaire, l'écrire, le dire à quelqu'un en qui vous avez confiance et qui joue un rôle de mentor pour vous.

## Apprenez à réussir

C'est Gysa Jaoui, une figure de l'analyse transactionnelle en France, qui a popularisé ce concept de la boucle de réussite. Elle avait observé qu'un des messages inhibiteurs qu'on rencontre le plus souvent en thérapie était l'injonction « Ne réussis pas ».

Quelques exemples : le « rêveur éveillé » qui s'enthousiasme pour un projet, mais ne le transforme pas, parce que déjà accaparé par une nouvelle idée. Le « désapprobateur » qui fait des efforts mais ne va pas jusqu'au bout (ou le fait à moitié). Le « bourreau de travail » qui réussit ce qu'il entreprend, mais n'est jamais satisfait de lui-même.

La boucle de réussite a été conçue pour contrecarrer ce message afin que le coaché intègre la permission de réussir.

Chaque fête est l'occasion de développer votre confiance en vous. En faisant progresser celle-ci, vous apprendrez progressivement à ne plus attendre les opportunités mais à les créer.

> Julie va devoir parler anglais avec des visiteurs. Son angoisse : paraître ridicule parce qu'elle ne pratique cette langue que rarement. Elle se fixe de petites étapes (écouter la radio régulièrement, lire des textes, prononcer des phrases...). À chaque étape, elle s'accorde un petit plaisir (manger une glace, s'offrir une babiole...). Si, au début de sa remise à l'anglais, elle était paniquée, elle a pris progressivement confiance en elle et est capable d'aborder quelques sujets de la vie courante qui faciliteront les échanges avec ses invités.

Vous vous donnerez ainsi le courage nécessaire pour afficher votre passion et vos idées. Votre ton n'en sera que plus convainquant.

Pensez aussi à mettre régulièrement à jour votre tableau de progression (voir p. 126) : la vue de vos réalisations vous confortera dans votre démarche.

## À retenir

Chaque succès renforce votre intention originelle.

## 1.4 Utilisez à votre profit toutes sortes de mesures

Les mesures peuvent être « externes » ou « internes ».

◆ **Les mesures « externes »** sont généralement quantitatives, c'est-à-dire qu'elles mesurent des quantités et s'expriment par des nombres.

> Nombre de réunions ou d'appels téléphoniques, sommes d'argent, salaires, nombre de kilomètres parcourus, vitesse cardiaque lorsque vous courez, nombre d'heures d'enseignement...

D'autres peuvent être appréciées de manière qualitative : ce sont les mesures de qualité.

> L'ambiance dans une réunion, le degré d'ouverture dans un échange téléphonique, la dureté du travail pour gagner votre salaire, la difficulté d'un exercice quotidien, votre sérieux dans votre apprentissage...

### *Exercice*

Fixez une unité de mesure quantitative et une autre qualitative pour chacune de vos actions clés de la semaine prochaine.

| Actions clés | Mesure quantitative | Mesure qualitative |
|---|---|---|
| | | |
| | | |
| | | |

Ces mesures vous permettent, au fil du temps, d'apprécier vos résultats et les progrès réalisés. Assurez-vous qu'il y a toujours une unité de temps dans vos mesures.

> Ce trimestre, je vais écrire les trois premiers chapitres de mon nouveau livre.

Une autre méthode de mesure externe, plus particulière, est de réaliser une mini-étude de marché. Il s'agit d'un outil qui révèle les opinions et perceptions de personnes interrogées sur ce qui peut influencer votre progression. Cette forme de mesure consiste à donner à quelques personnes (choisissez-en au moins quatre) un questionnaire anonyme dans lequel vous les interrogez sur un sujet précis. Vous analysez ensuite les retours.

> *L'expérience de Michèle*
>
> Michèle distribue un questionnaire aux visiteurs d'une galerie d'art qu'elle envisage de rejoindre. Les questions tournent autour du thème : « Êtes-vous satisfait de l'accueil et de l'information qu'offre cette galerie ? » Les visiteurs sont aussi bien des clients que de simples curieux.
> Les résultats révèlent plus de 80 % de taux de satisfaction. Cela la convainc que cette galerie a une bonne image et qu'il doit être plaisant d'y travailler.

◆ **Les mesures « internes »** font référence à des situations telles que : « Comment ressentez-vous votre progression (dans votre démarche) ? » Elles ne sont pas d'ordre quantitatif, mais décrivent plutôt des ressentis. Sachez, de temps à autre, vous arrêter dans votre démarche et posez-vous la question : « Qu'est-ce que je pense de ma progression ? »

À titre d'exemples, voici quelques indicateurs de telles mesures :

> Êtes-vous satisfait de votre progression ? Vous estimez-vous dans une meilleure situation qu'avant ? Pensez-vous que ce que vous faites est la bonne chose à faire pour vous ? Vous sentez-vous plein d'énergie ? Plus créatif qu'auparavant ? Plus en adéquation avec vous-même ?

**À retenir**

De véritables mesures externes sont une combinaison de mesures quantitatives et qualitatives. Les mesures internes, pour leur part, font plus appel au ressenti.

## 2. Prenez garde aux écueils

La vie n'est pas un long fleuve tranquille. Les plans les mieux établis sont perturbés par toutes sortes de facteurs, aussi bien en provenance de l'environnement que des acteurs eux-mêmes. Il vous faut accepter de réviser périodiquement votre plan de marche.

### 2.1 Prenez garde aux écueils de l'environnement

Tout change autour de vous, à une vitesse plus ou moins grande : l'économie, la technologie, la direction de votre entreprise ou encore... votre responsable. Bref, l'environnement comprend des facteurs sur lesquels vous n'avez pas ou que peu d'influence.

Acceptez une part de hasard, d'improvisation et d'incertitude dans votre démarche. Vous pouvez prévoir en amont des plans B, C, D... mais cela ne suffira jamais.

> *Expérience vécue*
>
> J'ai travaillé pour une banque qui voulait lancer une nouvelle branche spécialisée dans la gestion de patrimoine. Cette institution financière disposait de nombreux atouts : le savoir-faire, l'expérience, les méthodes, les moyens... La présentation à la presse fut un succès et les journalistes présents promirent de couvrir abondamment le sujet. Pourtant, le lancement fut un fiasco. Il est vrai que cela se passait le 10 septembre 2001, veille de l'attentat du World Trade Center...

Il est important de bien prendre en compte votre attitude en de telles situations plus ou moins stressantes. Pour cela, repartez de la typologie comportementale vue plus haut (voir p. 42 et suiv.) :
- l'ÉNERGIQUE a tendance à sur-réagir et à prendre immédiatement des dispositions, même si, parfois, la patience est meilleure conseillère ;
- l'ENJOUÉ s'excite, panique et affole tout le monde autour de lui, même si le silence peut être utile pour observer et voir ;
- le COOPÉRATIF se bloque et voit les choses en noir. Il peut se replier sur lui-même et être tétanisé, alors que la situation suppose peut-être une simple adaptation ;
- le MINUTIEUX va être furieux de devoir remettre en cause ses plans et va en vouloir à tout le monde, même si les adaptations ne remettent pas en cause le fond.

### *Autodiagnostic*
### *Votre attitude face à l'imprévu*

| | |
|---|---|
| **Comment réagissez-vous en cas d'événements non prévus ?** | |
| **En partant de l'analyse d'une situation passée similaire (événements imprévus, retards, indécisions...), décrivez comment vous l'avez vécue sur le moment.** | |
| **Qu'est-ce qui a contribué à ce que vous vous y adaptiez ?** | |
| **Quelles leçons en avez-vous tirées ?** | |

### Faire face aux différents types de personnalités

Si dans la mise en œuvre de votre projet, vous êtes confronté à de telles personnalités, voici quelques conseils :
– Canalisez l'ÉNERGIQUE en le mettant dans l'action : que va-t-il faire ? Pourquoi ? Comment ? Il est fort possible que ces réflexions le conduisent de lui-même à temporiser ou à agir de manière plus précautionneuse.
– Remettez le MINUTIEUX en action en reprenant les événements depuis le départ. Qu'a-t-il fait ? Qu'est-ce que cela a changé au fond ? Quel impact le changement survenu a-t-il réellement eu ? Il en conclura souvent de lui-même que le changement de planning ou de méthode ne remet pas en cause l'ensemble de la démarche.
– Écoutez l'ENJOUÉ ou le COOPÉRATIF et redonnez-lui confiance dans son projet en lui montrant que ce n'est pas lui qui est en cause.

Parfois de telles situations peuvent simplement vous conduire à revoir votre planning. Dans d'autres cas, le changement peut avoir un impact plus grand (ou nécessiter du temps) et vous devrez :
– vous adapter à un nouvel interlocuteur clé ;
– apprendre de nouvelles méthodes ou technologies ;
– revoir votre plan à la lumière de nouvelles réglementations ;
– savoir attendre lors de périodes troublées (que ce soit sur le plan économique, social ou politique)…

*L'expérience de Jean-Luc*

Jean-Luc, qui espérait avoir l'appui de son responsable direct, apprend que celui-ci est brusquement remplacé. Après un moment de panique (« le nouveau ne voudra pas que je parte »), il décide, sur les conseils avisés de ses amis et de son épouse, de laisser le nouveau arriver, puis de lui en parler ouvertement. Cela ne décale pas le reste de sa démarche, mais crée une zone d'incertitude.

## 2.2 Ne soyez pas vous-même un écueil à vos propres projets

Le meilleur ennemi de ses propres projets est parfois soi-même. Vous pouvez consciemment (ou inconsciemment) saboter vos propres décisions. Pourquoi ? D'une part, parce que la décision n'est pas toujours de l'ordre du rationnel. D'autre part, parce que vous avez parfois une représentation faussée de votre environnement.

Quelques exemples de mécanismes qui perturbent vos décisions :

◆ **L'habitude**. Vous utilisez les mêmes réflexes dans une situation donnée, même si les conditions varient. C'est le cas du conducteur automobile qui connaît par cœur le trajet de son domicile à son travail. Habitué à celui-ci, il ne modifie guère sa conduite en cas de mauvais temps.

◆ **L'entêtement**. Vous pouvez, même si tout le monde est contre, vouloir aller jusqu'au bout, sans tenir compte des avertissements. Les images et représentations que vous avez de vous-même (« ne recule pas », « sois fort ») peuvent vous conduire à prendre de grands risques pour vous… et votre entourage.

◆ **Le désir de plaire**. Rechercher la reconnaissance, voire l'admiration, de ceux desquels vous voulez être apprécié peut vous conduire soit à prendre des risques inconsidérés, soit à modifier vos plans pour répondre à leurs attentes.

◆ **Le manque de confiance en soi**. Vous sous-estimez ou doutez de la valeur de votre projet : cela peut vous conduire à ne pas oser vous exprimer (même si vous avez été invité à le faire), à vous présenter en victime et à entrer dans une spirale négative vis-à-vis de votre démarche.

◆ **L'importance accordée au positionnement social**. Vous pouvez avoir tendance à valoriser l'avis de responsables hiérarchiques, de parents que vous respectez (ou de la famille au sens large). Ce sentiment de respect peut influer sur votre démarche.

◆ **L'influence de l'expert**. C'est le respect de l'avis d'un expert reconnu ou autoproclamé dans ce domaine. Il peut être risqué de se reposer sur l'avis de quelqu'un sans avoir apprécié au préalable si son savoir est approprié. Un média peut très bien jouer ce rôle.

◆ **Le respect des normes et des règles**. Le goût de la perfection ou la peur de transgresser une norme constitue souvent une incitation à rester dans le cadre des méthodes habituelles.

### Comment être sûr de rater

Plus largement, dans son livre *Why Decisions Fail*[a], Paul C. Nutt estime que les causes d'erreurs les plus fréquentes sont liées à :
– une mauvaise définition du problème à résoudre ;
– la non-prise en compte des intérêts des parties divergentes ;
– le manque d'objectifs clairs ;
– l'absence de prise en compte des expériences passées ;
– la focalisation trop rapide sur une solution ;
– et l'utilisation exclusive des faits avantageux pour son opinion.

a. Berett Koehler Publishers, 2002.

*L'expérience de Jean-Luc*

Petit à petit, la démarche de Jean-Luc donne des résultats. Ses interlocuteurs acceptent l'idée d'étudier sa candidature pour un poste de manager au service Relations clients. En analysant ses premières étapes, Jean-Luc estime que s'il a un entêtement « adéquat » et une confiance dans ses capacités (grâce à son travail sur le « SUD »), il doit prendre garde :

- d'une part, à son « désir de plaire » : accéder aux demandes d'un client ne signifie pas modifier la politique de l'entreprise ;
- d'autre part, au respect des normes et des règles : son goût de la perfection peut provoquer des retards dans la résolution de problèmes d'un client.

À retenir

C'est votre travail de connaissance de vous-même qui vous aidera le plus à ne pas vous laisser piéger dans l'application de vos décisions.

## 3. Gardez le cap

Gardez présent à l'esprit votre « NORD ». Pour cela, imaginez que vous fassiez du bateau. Votre cap (but) est fixe (connu). En revanche, les conditions météo, le vent, des contraintes externes ou internes peuvent vous conduire à tirer des bords (zigzaguer) en permanence. Néanmoins, au final, vous allez dans votre direction et vous y parvenez.

### 3.1 Soyez cohérent dans votre démarche

Votre main droite doit être en lien avec votre main gauche. Autrement dit, votre démarche doit se refléter dans l'ensemble de vos actions : vous devez être à l'image de celle-ci.

Bien que, comme le dit le proverbe, « l'habit ne fait pas le moine », vous êtes, comme tout un chacun, conditionné par votre environnement et vous avez en tête des clichés. Un P-DG ne s'habille pas comme un artiste (sauf s'il évolue dans ce milieu), même si les conventions s'assouplissent un peu aujourd'hui. Votre manière de vous habiller, votre coupe de cheveux, vos accessoires (depuis les accessoires de mode jusqu'aux téléphones portables) font partie de votre image. Lors du premier contact avec des interlocuteurs, ceux-ci vous identifieront comme faisant partie ou non de leur milieu. De même, votre environnement (carte de visite, papier à lettres, décor de bureau…) doit être en ligne avec votre projet.

Il ne s'agit pas de « singer » un milieu qui sera peut-être le vôtre demain, mais simplement de sortir mentalement et physiquement de votre sphère actuelle pour intégrer celle à laquelle vous vous destinez. Imaginez-vous un médecin qui consulterait en short et tongs ?

> First Bank, la première banque anglaise dont les services sont uniquement fournis par téléphone, demande à ses téléacteurs d'être de vrais banquiers. Par mimétisme et pour bien s'identifier à leur rôle, les téléacteurs, qui pourtant ne voient jamais leurs clients, ont choisi volontairement de s'habiller comme des conseillers bancaires (costume et cravate pour les hommes, tailleurs pour les femmes).

Au final, vous serez plus à l'aise avec les conventions de votre milieu.

> *L'expérience de Michèle*
>
> Michèle peut se faire faire des cartes de visite personnalisées pour ses rencontres avec ses interlocuteurs, voire une plaquette ou un site Internet. Ces outils de communication sont similaires à ceux utilisés par son employeur actuel (le cabinet d'avocats). Ils doivent toutefois refléter son côté artistique. La tenue vestimentaire de Michèle, lorsqu'elle se présente, doit aussi donner une image d'elle qui correspond à un artiste accueillant des clients dans une galerie.

Vos interlocuteurs ont une vision de vous basée sur la manière dont vous paraissez, vous agissez et vous parlez.

### 3.2 Ne vous laissez pas distraire

Sur votre chemin, vous rencontrerez de nombreux écueils : de nombreuses idées viendront vous distraire de votre objectif, des urgences arriveront fréquemment, de nouveaux besoins émergeront, votre entourage réclamera plus de temps et d'attention que prévu, des tensions se produiront, l'économie changera… Vous devez être conscient de ces changements et parfois vous y adapter.

Cela requiert toute votre attention. Posez-vous en permanence la question : « Suis-je sur mon chemin critique de succès ? » Vous aurez besoin de beaucoup d'autodiscipline pour ne pas vous laisser distraire par des événements situés hors de votre chemin. Si nécessaire, faites ce qu'il y a à faire, puis revenez sur votre route.

### Le plus court chemin pour arriver

Le « chemin critique » est une terminologie utilisée dans le domaine de la gestion de projet. Il se compose d'une succession de tâches liées entre elles, sans marge depuis le démarrage jusqu'à la fin d'un projet. Tout retard sur l'une des tâches situées sur le chemin critique compromet le délai final du projet. Il représente le délai minimal pour accomplir le projet et est l'unité de référence.

Vous devrez également savoir dire « non ». Sachez développer cette capacité vis-à-vis des voleurs de temps, d'actions sans rapport avec votre objectif et, plus généralement, de tout ce qui n'a pas de rapport avec votre démarche. Cette capacité est parfois ce qu'il y a entre vous et votre réussite.

**▸ *Exercice***

Apprenez à dire « non » au moins une fois par jour pour quelque chose qui est inopportun ou n'est pas important.

Votre test suprême sera de toujours vous demander : « Est-ce que je gère la situation en liaison avec mon plan ? »

## 3.3 Gardez des traces de vos progrès

Afin d'apprécier votre progrès, vous avez besoin d'évidences visibles. Celles-ci vous montreront et vous rappelleront ce que vous faites de bien.

> Dans un match de basket-ball, c'est le panneau d'affichage qui joue ce rôle. Sans panneau, la rencontre n'a pas de véritable sens. Tout l'intérêt et l'attrait de la partie viennent du suivi constant du score qui y est inscrit.

Vous avez besoin d'un tel panneau pour apprécier votre progression. Dans la pratique, il peut s'agir d'un classeur spécial, d'un fichier informatique ou d'un mur.

Sur votre tableau, vous écrirez vos principaux objectifs et enregistrerez votre progression. Cela peut se traduire sous forme de graphiques (comme un thermomètre), de petits dessins (par exemple, les « smileys »), etc. Un bon tableau de résultats doit se comprendre en moins de 5 secondes. Testez-le auprès d'autres personnes. Si le résultat doit être commenté, c'est qu'il est trop compliqué : changez-le !

*L'expérience de Michèle*

Un des principaux objectifs de Michèle est de créer de nouvelles gravures sur bois. Elle a décidé d'en créer 100 par an. Elle réalise un tableau de progression avec 100 petits dessins dans un fichier informatique. Au départ, ceux-ci sont tous colorés en rouge. À chaque fois qu'elle réalise une gravure sur bois, elle colorie un des dessins en vert.
Au bout d'un mois, elle constate, avec fierté, qu'elle a déjà 15 icônes vertes. Elle sait qu'elle est sur la bonne voie.

À votre tour de créer votre tableau de progression !

## À retenir

Remplissez votre tableau de progression régulièrement. Il vous aidera à rester concentré sur votre voie et vous alertera quand vous sortirez du chemin.

### 3.4 Ayez confiance !

La confiance en soi, habituellement, se construit lentement, mais peut s'effondrer rapidement. À vous de développer votre confiance en vous d'une manière réaliste :

- définissez vos objectifs, puis éclatez-les en sous-objectifs facilement gérables ;
- fixez-vous des actions à la semaine, avec des unités de mesure et une vision de votre progression simples.

Cette forme d'auto-management entretenue dans le temps favorise la confiance en soi.

La confiance en soi est visible par ceux qui vous entourent. Votre apparence, votre langage corporel, votre posture et votre intonation en sont le reflet. Quand les gens comprennent que vous avez confiance en vous, ils sont plus enclins à vous suivre et à participer à votre projet.

Le travail que vous avez entrepris en amont dans vos « NORD » (votre direction), « SUD » (lever vos freins) et « EST » (vos valeurs) vous a permis de vous conforter dans l'idée que ce que vous faites vous correspond et facilite la réalisation de vos vœux les plus profonds. La construction d'un plan d'actions (votre « OUEST ») vous donne un fil directeur pour atteindre votre objectif.

### À retenir

La politique des petits pas et ses boucles de la réussite sont là pour vous aider à développer votre confiance en vous.

## 4. Adaptez-vous en permanence

Vous n'éviterez pas tous les pièges, mais vous pouvez limiter leur impact en prenant en compte ces trois conseils : comprendre qu'il s'agit d'un processus, rester concentré sur votre vision et constamment apprécier les écarts entre votre vision et la réalité.

### 4.1 Ayez conscience que votre action s'inscrit dans un processus

Votre action s'inscrit dans le long terme, pas dans un effort unique. Vous vivez dans un univers qui valorise les actions rapides dans le temps. Vous pouvez gagner à la loterie, bâtir rapidement une image de vous-même auprès d'un auditoire, construire une maison en un temps record ou planter une pelouse dans votre jardin en quelques heures. C'est ce qu'on appelle l'effet publicitaire ou « Hollywood ».

Essayez d'élever un enfant ainsi. Essayez de faire grandir un arbre en une nuit. Essayez de bâtir des relations durables en un week-end. Vous savez que cela ne marche pas. Les processus naturels demandent du temps.

Vous avez lu plus haut dans cet ouvrage que devenir réellement bon dans n'importe quelle profession, art ou artisanat, requiert au moins 10 000 heures de pratique (voir chapitre 2, p. 61). C'est un nombre magique. Pour certains, cela prend de 6 à 7 ans, pour d'autres de 10 à 12 ans. C'est incontournable.

Cela conforte la sagesse ancienne selon laquelle tout ce qui a de la valeur nécessite un long effort. La réussite de votre démarche n'est pas un effort ponctuel. Même si vous l'avez découpé en petites étapes, votre démarche s'inscrit toujours dans un processus global. Rien à voir avec des actions opportunistes qui vous conduisent en zigzag… nulle part.

> Le développement d'Internet a modifié les règles du jeu de la distribution musicale. Des chanteurs ou des écrivains qui avaient besoin des entreprises pour se faire connaître peuvent maintenant s'autopromouvoir sur le net. Les règles du jeu de la distribution ont changé. Cela ne change pas fondamentalement l'envie des artistes de s'exprimer et de se faire reconnaître.

**Exercice**

Pensez à quelque chose de remarquable que vous avez accompli dans votre vie. Était-ce une décision brusque ou le résultat d'une longue réflexion ?

À retenir

Votre démarche est un long processus qui peut prendre de quelques mois à quelques années pour vous conduire à votre but. Même si vous pensez que vous avez atteint votre objectif, vous devrez en permanence vous remettre en cause pour rester dans le sens de votre vision.

### 4.2 Restez en lien avec votre vision

L'engagement dans le long terme est un bien rare. Il est plus facile de s'exciter sur chaque opportunité qui passe. Mais vous faites un marathon, pas un sprint. Gardez votre vision « à portée de main ». Souvenez-vous-en. Gravez-la dans votre conscience comme si vous y étiez déjà arrivé. Visualisez-la souvent.

Un mécanisme intéressant se trouve derrière tout cela. Quand vous visualisez souvent votre vision, l'hémisphère droit de votre cerveau s'y voit déjà (rappel : c'est l'hémisphère de l'imagination). Votre hémisphère gauche lui répond : « Nous n'y sommes pas encore ! » Cela crée un écart dans votre esprit et toute votre énergie va être orientée et mobilisée pour le combler. Vous vous découvrez alors des idées nouvelles et des ressources insoupçonnées pour cela. Quand vous intégrez votre vision comme une réalité dans votre esprit, tout s'accélère. Les choses que vous pensiez faire en deux ans arrivent parfois en quelques mois.

**Exercice**

Pensez à quelque chose que vous vouliez réellement dans le passé (par exemple, avoir une voiture, un chien, une nouvelle maison...). Vous avez décidé que vous le vouliez, vous avez eu constamment cette idée à l'esprit et cela est finalement arrivé plus vite que prévu. Utilisez le même mécanisme qui avait bien fonctionné autrefois pour votre vision du futur.

Une manière pratique d'y rester lié est d'installer des « alarmes » sous la forme d'objets que vous laissez dans des places inattendues et qui vous rappellent votre vision et votre engagement.

> Une chaise retournée dans votre salon, une boîte dans votre lit, un livre dans votre réfrigérateur...

Ces objets vont vous rappeler votre vision quand vous les « rencontrerez » à de tels endroits.

> *L'expérience de Michèle*
>
> Michèle a trouvé une galerie proche de chez elle où le responsable, ouvert à une association, a expliqué que le flux de clientèle est variable selon les saisons. À certains moments, Michèle aura du temps libre pour créer ses gravures sur bois, mais en période de pointe, elle devra se consacrer totalement à l'accueil et l'information de la clientèle. Pour Michèle, cela suppose une révision de sa vision : prévoir de faire en saison creuse des gravures en quantité suffisante pour répondre à la demande en forte saison. Elle met dans ses toilettes une gravure sur bois peinte en rouge, une couleur qu'elle n'utilise jamais.

**À retenir**

Restez en toutes circonstances en lien avec votre vision.

### 4.3 Analysez les écarts

Le plus gros risque que vous courez, néanmoins, au niveau de votre « NORD », est qu'il y ait des écarts grandissants avec les autres directions (« EST », « SUD » et « OUEST »). Ces écarts peuvent prendre des formes variées :

– le résultat est plus bas que prévu ;
– il prend plus de temps à atteindre que prévu ;
– vous réalisez que vous avez besoin de plus de ressources ;
– le scénario a changé depuis la mise au point de votre plan ;
– votre engagement crée des effets secondaires inattendus ou un déséquilibre...

Ne cherchez pas à ignorer les écarts ou à prétendre qu'il n'y en a pas. Ils apparaîtront tôt ou tard dans tous les cas et avec un coût accru pour vous. Cherchez plutôt à les observer avec votre système de mesure. Analysez tout d'abord de quel type d'écart (parmi ceux cités ci-dessus) il s'agit. Puis, recherchez sa cause :

– Étiez-vous trop ambitieux ?

– Aviez-vous planifié votre projet de manière réaliste ?
– Avez-vous oublié de prendre en compte certains facteurs ?
– Aviez-vous insuffisamment étudié le domaine ?
– Avez-vous été à la hauteur pour ce projet ?
– Est-ce réellement différent de ce que vous attendiez ?

### À retenir

Soyez sincère avec vous-même. Regardez la réalité en face et tirez-en des leçons.

## 4.4 Comment corriger les écarts ?

Pour corriger les écarts, la première action (et la plus importante) est votre mode de réaction et votre attitude. Comme cité plus haut, vous avez tout un passé d'échecs (voir « Organisez une boucle de réussite », p. 145). Votre première et instinctive réaction peut être du style : « Et voilà, j'ai de nouveau raté ! », ce qui conduit immédiatement à une suite du style : « Je ne suis pas bon », « Je n'y arriverai pas », « Qu'est-ce que j'espérais ? »… et tous les autres arguments du même genre, avec les notions d'échec, de honte, de culpabilité, de douleur…

Pourtant, observez un bébé qui apprend à marcher. Il n'y a pas de sentiment d'échec, de culpabilité ou de honte… Il y a juste un process d'auto-apprentissage à partir d'essais et d'erreurs. Où seriez-vous aujourd'hui si vous aviez arrêté d'apprendre à marcher après la première chute ? Apprenez à tirer des leçons de vos erreurs sans y attacher d'émotion particulière.

Un écart est le résultat d'un manque de connaissance, de compétences, de compréhension ou de préparation. Tout ceci peut s'apprendre et vous pourrez faire mieux la prochaine fois.

La majorité des grands hommes de notre planète, qui ont réalisé des actions extraordinaires (par exemple, Abraham Lincoln, Gandhi, Nelson Mandela…), y sont arrivés après une longue série d'erreurs et d'échecs.

### La persévérance paie

Thomas Edison essaya pendant des années de créer une lampe à bulbe. Il échoua des centaines de fois. Fatigués, ses assistants lui dirent : « Vous avez échoué des centaines de fois, pourquoi vous obstinez-vous sur cette invention ? Vous en avez réussi tellement d'autres ! » Edison répondit : « S'il y a quelqu'un sur la Terre qui sait comment ne pas être capable de fabriquer une lampe à bulbe, ce doit être moi. J'ai donc les meilleures chances de réussir. » Edison continua ses expériences et finalement, quelques années plus tard, il réussit.

Pensez à ce qui serait arrivé si Edison avait renoncé. Seriez-vous assis dans le noir ?

### À retenir

Un écart entre les attentes et la réalité est une opportunité pour apprendre.

Le problème est que la plupart des gens ressentent de manière émotionnelle ces écarts et s'accordent plus facilement de l'auto-indulgence qu'ils ne se décident à en tirer une leçon.

La meilleure façon d'apprécier un écart est d'analyser sa (ou ses) cause(s) et de rechercher des solutions pour le corriger selon le modèle TASK (voir p. 129) :

– est-ce une question de Temps ou de ressource et quelle est-elle ?
– est-ce une question d'Attitude et quelle est celle qui est nécessaire ?
– est-ce qu'il manque une Compétence [Skill] ? Où pouvez-vous l'apprendre ?
– est-ce une Connaissance [Knowledge] manquante ? Où pouvez-vous l'acquérir ?

Établissez un plan correctif et essayez à nouveau.

### À retenir

Rappelez-vous : il est très rare de réussir du premier coup !
Essayez sans relâche. Corrigez votre parcours. Faites appel à un coach si nécessaire et…
RÉUSSISSEZ SELON VOTRE PROPRE ET UNIQUE VOIE.

# Conclusion

*Michèle (interview réalisée un an plus tard).*

- Chère Michèle, comment allez-vous ?

- Je vais bien. Je me sens beaucoup mieux qu'il y a un an.

- Comment s'est passée cette année pour vous, depuis que vous avez débuté le processus N.E.W.S. ?

- Ce fut une année de changement positif. Je ne croyais pas que ce serait possible en si peu de temps.

- Qu'est-ce qui vous a demandé le plus d'effort ?

- J'ai surtout travaillé mon « NORD » et mon « SUD ». Dans le « NORD », je devais définir très précisément ce que je voulais. Auparavant, mes idées étaient plutôt confuses. J'ai notamment beaucoup travaillé sur mes atouts, ma spécificité et sur ma vraie direction. Ensuite, principalement sur mon modèle pratique et ma vision. Cela a été un travail passionnant pour moi.

- Et le « SUD » ?

- Beaucoup de travail aussi, bien sûr. Au fur et à mesure que je voyais clair sur ce que je voulais réaliser, mes hésitations prenaient plus de force. Je n'étais plus sûre que ce soit bien pour moi. Je manquais de confiance en moi. Vous savez, c'était un grand changement. Je me souciais de ce que les autres pourraient penser. Je m'inquiétais pour ma sécurité financière. Mais, maintenant, c'est fini. J'ai su gérer tout cela.

- Qu'est-il arrivé après ?

- Quand tout cela a été clair pour moi, le reste a été aisé. Je pense que je suis naturellement forte dans l'« OUEST ». Les choses ont bougé très vite. J'ai rapidement trouvé un accord avec une galerie. J'ai quitté mon travail 2 mois plus tard. Nous avons alors réagencé la galerie. Puis, j'ai connu une période de grande créativité. J'ai créé plus de cent gravures sur bois en quelques mois. Elles sont magnifiques et se vendent très bien.

- Comment cela va-t-il maintenant ?

- Bien. Les ventes de la galerie progressent. Je suis présente trois fois par semaine. Je passe deux autres jours par semaine à créer (ceci est un arrangement dans mon « OUEST »). Le reste du temps est pour moi et mon compagnon. Nous voyageons. J'ai recommencé à aller à la gym. C'est super !

- Et comment se présente votre situation financière ?

- Je suis contente que vous en parliez. C'est la partie la plus surprenante pour moi. Je gagne maintenant pratiquement le même salaire que dans mon travail précédent, avec 15 ans d'ancienneté. Or, je ne travaille que trois jours par semaine. C'est incroyable !

- Alors, êtes-vous heureuse ?

- Heureuse n'est pas le mot juste. Je suis contente. Je suis en paix avec moi-même et ceux qui m'entourent. Je suis à nouveau créative après des années. Je réussis et j'ai confiance en moi. Par-dessus tout, j'ai une bonne raison de sourire et de me lever le matin. En résumé, je me sens nettement mieux.

- Merci Michèle et bonne chance pour les années à venir !

***Jean-Luc (interview réalisée un an plus tard).***

- Comment allez-vous, Jean-Luc ?

- Bien mieux maintenant, merci. Ce ne fut pas une année facile pour moi.

- Pourquoi était-ce difficile ?

- Au début de l'année, j'étais dans ce que vous appelez un « écart de congruence ». Je n'aimais plus ce que je faisais et je ne me sentais pas bien. Alors, j'ai décidé de changer.

- Comment cela va-t-il pour vous maintenant ?

- Finalement, bien. Cela n'a pas été facile.

- Que voulez-vous dire ?

- Découvrir mon « NORD » a été facile pour moi. J'ai réalisé relativement vite ce que je voulais faire dans le futur. La direction du service Relations clients me semblait très logique. Le « SUD » n'était pas non plus un grand problème pour moi. J'étais sûr que je réussirai. Enfin, l'« EST » était aussi simple à gérer. Je réalisais mes valeurs et elles étaient en ligne avec mon nouveau « NORD ».

- Alors, où étaient les difficultés ?

- Elles sont apparues quand j'ai essayé de mettre en œuvre mon plan d'actions. À ma grande surprise, l'« OUEST » a été rude pour moi. J'ai envoyé une lettre de candidature au département des ressources humaines en demandant d'être transféré au service Relations clients. Les responsables m'ont demandé d'attendre la fin de la restructuration. Deux mois plus tard, je leur envoyais à nouveau ma lettre après avoir localisé et travaillé mes soutiens grâce à la « carte politique » que j'avais bâtie. Cette fois-ci, ils me dirent que le service qui m'intéressait était délocalisé de la ville où il se trouvait vers un autre lieu encore plus distant. Si ma femme avait un temps accepté de déménager vers la ville où cette équipe se trouvait auparavant, elle n'était plus du tout prête à « s'exiler » dans une région où elle n'avait aucune attache. J'ai dû à nouveau la convaincre. Finalement, j'ai réussi. Au bout du compte, j'ai eu une réponse positive pour aller dans ce service, mais à un niveau inférieur à celui que j'occupais.

- Cela semble dur à vivre !

- Oui, mais j'avais décidé d'aller jusqu'au bout et j'acceptais de prendre le risque. Le pire, pourtant, était à venir. Je pris mon nouveau poste quatre mois après ma première demande. Avec la restructuration, je ne connaissais plus personne dans ce service. J'avais tout à prouver en recommençant à zéro. Mon nouveau responsable n'approuvait pas mon changement et doutait constamment de mon aptitude pour ce travail. À la fin, j'ai choisi de me faire accompagner par une coach. Celle-ci m'a bien aidé à gérer les difficultés et à revoir mon plan. J'ai finalement réussi à changer de service dans ce département.

- Et maintenant, comment cela se passe-t-il ?

- Maintenant, enfin, je suis arrivé à ce que je voulais. Je dirige une bonne équipe support. J'y ai fait de nombreux changements et les résultats s'améliorent. Nous sommes l'équipe support n° 1 de notre région. Mon nouveau responsable est très coopératif. J'ai passé mon entretien d'évaluation la semaine dernière. Il m'a informé que, dans quelques mois, je serai promu responsable de groupe, ce qui est une position similaire à celle que j'occupais auparavant.

- Comment vous sentez-vous ?

- Je crois que mon futur est clair maintenant et il correspond à ce que je voulais. Le combat en valait la peine. Je sens que je vis en ligne avec mes valeurs. J'apporte plus de valeur ajoutée dans ce travail. Enfin, ma femme a su s'adapter et est heureuse dans notre nouvel environnement.

- Bonne chance, Jean-Luc, dans vos futurs projets !

# Deuxième partie

# METTRE EN PRATIQUE

# Vous trouvez-vous à une croisée des chemins ?

### Étape 1 : analysez vos précédentes croisées des chemins

Nous vous proposons tout d'abord de revenir sur ce qui a été pour vous des croisées de chemins dans le passé et ce que vous en avez retenu. Vous serez alors plus à même d'analyser la situation présente et de savoir si vous pouvez la considérer comme une croisée des chemins.

Posez-vous les questions suivantes :

| Quelles situations vécues peuvent être considérées comme des croisées des chemins ? | Entre quels chemins avais-je le choix ? | Quel a été mon mode de décision (seul ou en groupe, en étant actif ou en laissant faire le temps...) ? | Résultat (avec le recul) |
|---|---|---|---|
| | | | |
| | | | |
| | | | |
| | | | |
| | | | |

Ensuite, posez-vous les questions suivantes :

– quels en étaient les enjeux (matériel, financier, humain, psychologique...) ? Certains enjeux étaient-ils prépondérants ?

– quel était le contexte à l'époque (situation prévue ou non, unique ou récurrente) ?

– vos critères de décision sont-ils plutôt de nature rationnelle (résultat, chiffres...) ou émotionnelle (l'image que vous en retirerez, l'impact sur d'autres actions...) ?
– quelle est l'importance accordée à la nature de l'impact et aux répercussions possibles de vos décisions ?
– quels sont les acteurs impliqués dans ou par ces décisions ?

### Étape 2 : et aujourd'hui ?

Comment vivez-vous la présente croisée des chemins ?

Pour répondre à cette question, remplissez la grille suivante :

| | |
|---|---|
| **Suis-je actuellement à un tel carrefour ?** | |
| **Que voudrais-je obtenir à la sortie de cette croisée des chemins ?** | |
| **Qu'est-ce qui pourrait m'empêcher de continuer dans cette direction ?** | |
| **Comment pourrais-je savoir que j'ai réussi ?** | |
| **Quel prix suis-je prêt à payer pour y arriver ?** | |
| **Quelle serait ma vie si je ne réalisais pas mon rêve ?** | |

Corrigé p. 185

EXERCICE 2

# Définissez votre spécificité, ce qui vous rend unique

### Étape 1 : prenez conscience de vos dons naturels

Prenez d'abord conscience de ce que vous savez de vous.

| | |
|---|---|
| **En quoi ai-je toujours été doué ?** | |
| **Quels sont les situations ou les problèmes qui me semblent les plus faciles à aborder ou à résoudre ?** | |
| **Que viennent chercher les autres (amis, collègues) chez moi ?** | |
| **En quoi mon entourage m'a-t-il toujours dit que j'étais doué ?** | |
| **Quels étaient mes talents spécifiques dans mes emplois précédents ?** | |

### Étape 2 : mettez vos passions en évidence

L'étude de vos loisirs est révélatrice de vos passions car, en général, ce sont des activités que vous choisissez.

**Vos loisirs d'hier à aujourd'hui**

| | Durée de l'intérêt | Compétences requises | Mes centres d'intérêt dans ces loisirs |
|---|---|---|---|
| **À quoi consacrai-je mes loisirs ?** | | | |

Pourquoi aviez-vous choisi ce (ou ces) loisir(s) ? Qu'est-ce qui vous motivait ?

> De nombreux garçons jouent au football. Pour certains, c'est le plaisir de gagner, pour d'autres, celui d'être dans une équipe... Une même activité peut avoir des causes différentes d'une personne à l'autre.

Voici une liste de motivations possibles (liste non exhaustive) :
- l'autonomie ;
- l'atteinte d'un objectif ;
- le travail en équipe ;
- l'aide aux autres ;
- l'exercice de l'autorité ;
- la notoriété ;
- le goût de la création...

Reportez ces facteurs de motivation en regard de chacune de vos activités. Vous pouvez les détailler : ainsi faire partie d'une équipe pour vous, par exemple, est-ce faire partie d'une grande ou d'une petite équipe, d'un groupe mixte ou non, être entouré de gens que vous connaissez ou élargir vos relations... ?

### Étape 3 : « Appelez-moi quand... »

En utilisant la méthode 2 (voir p. 57) rédigez la phrase qui définit vos atouts de manière concise :

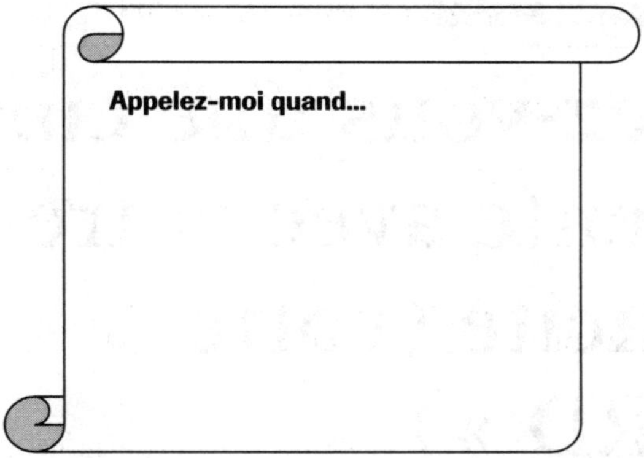


> « Appelez-moi quand…
> Vous avez besoin de quelqu'un qui vous écoute et vous donne un bon conseil pour améliorer vos relations.
> Vous avez besoin d'un super-technicien pour les téléphones mobiles.
> Vous avez besoin de traduire des idées en actions concrètes, notamment dans le commerce… »

Corrigé p. 188

3

EXERCICE

# Donnez-vous une cible cohérente avec votre spécificité (votre « NORD »)

Vous savez mieux qui vous êtes, quelles sont vos passions et compétences. Vous avez pris conscience de votre spécificité. Vous êtes à même, maintenant, de déterminer la direction qui vous convient (votre « NORD » selon la méthode N.E.W.S.).

## Étape 1 : quel est votre « NORD » ?

Un vrai « NORD » basé sur votre motivation interne vous relie à vos passions et dons.

En repartant de l'exercice 2, complétez le dessin suivant :

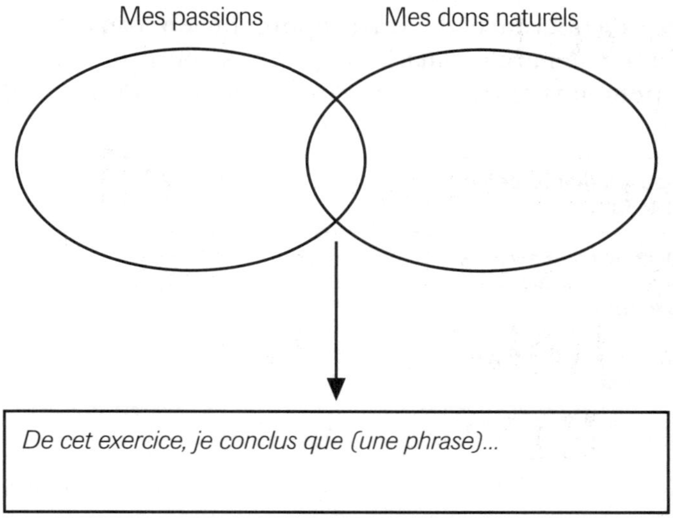


## Étape 2 : bâtissez votre modèle stratégique pour atteindre votre « NORD »

Votre modèle stratégique comprend les étapes, les actions, le calendrier et les personnes impliquées qui vont vous permettre de vous mouvoir dans la bonne direction compte tenu de votre environnement.

| **Étapes** | **Actions** | **Calendrier** | **Personnes impliquées** |
|---|---|---|---|
| | | | |
| | | | |
| | | | |
| | | | |
| | | | |

## Étape 3 : projetez-vous dans le futur (exercice de la vision)

Décrivez une semaine de votre vie dans trois ans. Que faites-vous ? Où êtes-vous ? Comment les autres vous voient-ils ? Quel est votre agenda ? Faites en sorte que cette description soit vivante et colorée.

### Étape 4 : testez la cohérence de « Moi SARL »

Vérifiez la cohérence de votre approche en vous décrivant sous forme d'une démarche marketing. Vous êtes maintenant « Moi SARL », orientée vers votre propre « excellence » et avec votre valeur spécifique.

| | |
|---|---|
| **Mon principal produit ou service dans le futur sera...** | |
| **Ma principale cible sera... (interne ou externe à l'entreprise)** | |
| **Ma contribution spécifique sera...** | |

Corrigé p. 190

# EXERCICE

# Libérez-vous des freins à la réussite (votre « SUD »)

Vous savez maintenant où vous voulez aller. Cependant, des doutes, des hésitations vous assaillent. Comment lever ces freins propres à cette démarche ? Selon le modèle N.E.W.S., ceci est votre « SUD ».

### Étape 1 : quels sont vos filtres ?

Vous analysez votre situation au travers de vos croyances, de votre histoire, de votre personnalité… Il est important que vous en preniez conscience et que vous mettiez en lumière ce qui, au fond de vous, peut vous empêcher d'y arriver.

| | |
|---|---|
| **Comment décrire ma croisée des chemins ?** | |
| **Quelle est la distance qui me sépare de celle-ci ?** | |
| **Qu'est-ce qui m'empêche de réaliser ma vision ?** | |
| **Un exemple d'échec qui pourrait arriver à cause de cela** | |
| **Quelles sont les peurs qui y sont associées ?** | |
| **Si je poursuis mon rêve, que va-t-il m'arriver ?** | |

### Étape 2 : quelles sont les croyances limitantes liées à votre histoire ?

D'autres causes de freins peuvent être liées à des situations vécues dans le passé. Voici quelques questions à vous poser, toujours autour de votre croisée des chemins :

| | |
|---|---|
| **Quels sont les éléments extérieurs à moi-même qui me bloquent ?** | |
| **Qu'est-ce qui, venant de moi, me freine ?** | |
| **Quelles sont les histoires que je me raconte et qui me freinent toujours ?** | |
| **Quelles sont les origines de ces histoires ?** | |
| **Quel est le lien entre ce projet et mon passé ?** | |

### Étape 3 : passez de l'inhibition à l'attitude positive

En repartant des deux étapes précédentes, choisissez les attitudes qui vous freinent le plus.

| Mes phrases limitantes | Pour chacune de ces phrases, je m'interroge :<br>Qui dit que... ?<br>Où a-t-il été écrit que... ?<br>Où a-t-il été décidé que... ? |
|---|---|
| | |
| | |
| | |
| | |
| | |

Vous êtes à même maintenant de réécrire vos phrases de manière positive et de les enraciner en vous.

# EXERCICE

# Soyez en harmonie avec vos valeurs (votre « EST »)

### Testez l'écart entre l'« être » et le « faire »

Écrivez ci-dessous trois de vos valeurs de base, puis notez une de vos activités ou un de vos comportements que vous exercez ou avez quotidiennement, en ligne avec cette valeur. Enfin, notez une de vos activités (ou un de vos comportements) qui n'est pas en ligne avec elle.

| | **Valeur** | **Comportement en ligne avec cette valeur** | **Comportement « hors ligne » avec cette valeur** |
|---|---|---|---|
| 1 | | | |
| 2 | | | |
| 3 | | | |

Les comportements ou activités en ligne expriment cette valeur dans votre vie. Les comportements ou activités « hors ligne » représentent le fossé entre l'« être » et le « faire » dans votre vie et créent une contradiction en vous.

Essayez de créer un comportement alternatif à ce comportement « hors ligne ».

| | Comportement « hors ligne » avec cette valeur | Comportement alternatif qui, lui, est en ligne | À destination de qui ? |
|---|---|---|---|
| 1 | | | |
| 2 | | | |
| 3 | | | |

Ouvrez ensuite votre agenda et notez ces nouveaux comportements dans le programme de vos semaines. Faites-le sur un mois.

Corrigé p. 194

# EXERCICE 6

# Bâtissez votre plan d'actions (votre « OUEST »)

### Étape 1 : organisez vos actions

Vous avez, dans l'exercice 3, tracé les grandes lignes de votre démarche. Depuis, vous avez progressé dans votre réflexion. Il vous faut maintenant entrer dans le vif du sujet en bâtissant un plan d'actions détaillé. Il vous permettra de mieux gérer vos priorités.

| **Principales actions à prévoir** | **Hiérarchisation**<br>**A = indispensable**<br>**B = à faire**<br>**C = si possible** | **Temps à prévoir** | **Échéance** |
|---|---|---|---|
| | | | |
| | | | |
| | | | |
| | | | |
| | | | |
| | | | |

### Étape 2 : bâtissez un calendrier des actions

Un projet comporte un nombre de tâches plus ou moins grand à réaliser dans les délais impartis et selon un agencement bien déterminé. Le diagramme de Gantt est un outil permettant de planifier le projet et de rendre plus simple le suivi de son avancement.

Reportez vos actions de l'étape 1 dans ce calendrier. L'échelle de temps peut être la semaine, la quinzaine, le mois…

| Actions | Temps 1 | T 2 | T 3 | T 4 | T 5 | T 6 | T 7 |
|---|---|---|---|---|---|---|---|
| | | | | | | | |
| | | | | | | | |
| | | | | | | | |
| | | | | | | | |

## Étape 3 : élargissez vos compétences pour favoriser votre réussite

Toute tâche nécessite la prise en compte de quatre aspects :
– Quelles sont vos priorités ? Comment utiliser votre Temps ?
– Quelles Attitudes (savoir-être) devez-vous posséder ?
– De quelles Compétences [Skill] (savoir-faire) devez-vous faire preuve ?
– Quelles Connaissances [Knowledge] (savoir) devez-vous maîtriser ?
Pensez à distinguer les dimensions que vous possédez déjà et celles que vous devez développer. Cela peut vous conduire à décaler votre calendrier ou, au contraire, à anticiper des actions en amont.

Pour cela, servez-vous de l'outil TASK.

| | Existant | À développer | Qui peut me soutenir ? | Plan d'actions |
|---|---|---|---|---|
| Temps | | | | |
| Attitudes | | | | |
| Compétences (Skills) | | | | |
| Connaissances (Knowledge) | | | | |

Corrigé p. 196

# Faites preuve de persévérance dans la bonne direction (votre « OUEST »)

## Étape 1 : apprenez à faire une « politique de petits pas »

Comment vous donner toutes les chances de réussir une « politique de petits pas » ?

Divisez vos actions en de multiples petits buts à plus court terme.

| | Actions | Résultats |
|---|---|---|
| **Semaine 1** | | |
| **Semaine 2** | | |
| ... | | |

Ciblez un besoin spécifique pour lequel vous pouvez définir un objectif « SMART » précis.

Votre objectif « SMART » :

| | |
|---|---|
| **En quoi est-il Spécifique ?** | |
| **Comment le Mesurer ou l'observer ?** | |
| **Est-il Atteignable ?** | |
| **Est-il Réaliste ?** | |
| **Temps fixé (suggestion : la semaine)** | |

Apprenez ainsi à découper vos actions en petites unités.

### Étape 2 : organisez une boucle de réussite autour de votre objectif

| Étapes | Votre action |
|---|---|
| **Je lance une étape** | |
| **Je la mets en œuvre** | |
| **J'en récolte les fruits** | |
| **Je la fête** | |

### Étape 3 : analysez les écarts

Si vous n'atteignez pas votre objectif, recherchez-en la cause.

| | |
|---|---|
| **Étiez-vous trop ambitieux ?** | |
| **Aviez-vous planifié votre projet de manière réaliste ?** | |
| **Aviez-vous oublié de prendre en compte certains facteurs ?** | |
| **Aviez-vous insuffisamment étudié le domaine ?** | |
| **Avez-vous été à la hauteur pour cet objectif ?** | |
| **Le résultat est-il réellement différent de ce que vous attendiez ?** | |

## Étape 4 : ajustez les écarts au moyen du tableau TASK (voir exercice 6)

| | |
|---|---|
| **Est-ce une question de Temps ou de ressource ? Quelle est-elle ?** | |
| **Est-ce une question d'Attitude ? Quelle est celle qui est nécessaire ?** | |
| **Est-ce qu'il vous manque des Compétences ? Où pouvez-vous les apprendre ?** | |
| **Est-ce qu'il vous manque des Connaissances ? Où pouvez-vous les acquérir ?** | |

# CORRIGÉS



À titre d'exemple d'utilisation des outils et du raisonnement, vous allez suivre un nouveau parcours, celui de Stéphane, un cadre de 40 ans qui souhaite remettre à plat à la fois son mode de vie et sa carrière professionnelle.

## Corrigé de l'exercice 1

Stéphane vient de fêter ses 40 ans. Il est directeur des ventes EMEA (Europe Middle East Africa) dans une entreprise de produits industriels. Son entreprise est dynamique et l'ambiance y est bonne. La conjoncture est difficile, mais les spécificités des produits et la qualité des relations de partenariat avec ses clients (de grandes entreprises) permettent à son équipe de maintenir les ventes. Il dirige une équipe de commerciaux expérimentés qui le respectent et entretient de bonnes relations avec ses collègues.

Des membres de la direction lui ont laissé entendre que, dans quelques années, il sera l'un des leurs et pourra prendre un peu de recul en occupant un poste fonctionnel.

Du côté familial, il est marié et a deux enfants adolescents. Sa femme, enseignante dans le secondaire, a toujours su assurer un bon équilibre entre sa vie professionnelle et leur vie privée. Elle a ainsi compensé auprès de leurs enfants les fréquentes absences de Stéphane pour déplacements professionnels en France et à l'étranger.

Tout pourrait être bien dans le meilleur des mondes, si Stéphane ne commençait pas à éprouver un sentiment de fatigue, voire de ras-le-bol. Cela est devenu plus patent pour lui il y a quinze jours, lorsqu'il s'est bloqué le dos en jardinant. Un de ses amis lui a alors dit : « C'est peut-être le signe que tu en as le plein le dos ! » Même si, sur le moment, Stéphane a répondu qu'il s'agissait d'un faux mouvement, cette réflexion lui a trotté dans la tête et il a dû s'avouer qu'il y avait quelque chose de vrai : il commence à en avoir assez de cette course permanente à l'objectif, de vendre des produits et services qui ne le passionnent plus et de ne plus voir sa famille. Jusqu'à présent, les excellents résultats de son équipe lui permettaient de toucher de fortes primes qui lui donnaient le sentiment de compenser son absence par des avantages matériels. Ce n'est plus le cas maintenant et il prend conscience, à un moment où ses enfants réclament plus sa présence, qu'il n'est peut-être plus sur la bonne voie. Dans le fond, il rêve de diriger une plus petite entreprise dans un domaine différent où il trouverait du sens et pourrait bâtir d'autres types de relations avec des partenaires.

Il en parle à son épouse et à quelques amis. Certains lui disent d'aller voir un médecin et de prendre des fortifiants. D'autres qu'il s'agit d'un coup de déprime. Quelques jours de repos et tout ira bien. Pourtant, Stéphane sent que ce n'est pas cela. Il se sent usé, vidé et ne s'intéresse plus tellement aux résultats. Il constate qu'il est devenu plus nerveux, plus irritable.

Un de ses amis lui transmet deux questionnaires qu'il remplit ainsi :

**Étape 1**

| **Quelles situations vécues peuvent être considérées comme des croisées des chemins ?** | **Entre quels chemins avais-je le choix ?** | **Quel a été mon mode de décision (seul ou en groupe, en étant actif ou en laissant faire le temps...) ?** | **Résultat (avec le recul)** |
|---|---|---|---|
| Études | Études commerciales ou d'ingénieur. | Seul (mes parents m'ont laissé choisir).<br>Critère de choix : je ne me voyais pas enfermé dans un bureau. | Positif : je suis fait pour aller vers les autres. |
| Mariage | Attendre un peu ou se marier immédiatement. | La situation (ma future femme était enceinte). | Je suis heureux mais mon style de vie est de plus en plus décalé avec celui de ma femme. |
| Entreprises choisies | Des entreprises qui me payent bien ou des entreprises qui ont du sens en termes de valeurs pour moi. | Seul.<br>Critère de choix : la pression de mes besoins (avec l'arrivée rapide d'un enfant) et l'envie d'offrir un maximum de confort à mes proches. | Je trouve que je paie de plus en plus cher le fait de gagner de l'argent d'un côté et d'être souvent absent de l'autre. |

| | | | |
|---|---|---|---|
| Logement | Une maison en banlieue ou un appartement en centre-ville | Décision commune. Critère de choix : permettre à ma femme d'être plus proche de tout lors de mes absences. | Une bonne décision. Toutefois, l'absence de jardin me pèse. |
| Style de vie | Une vie plus sédentaire ou une vie de voyages | En accord avec ma femme (qui voulait me faire plaisir). | J'ai aimé ces voyages et les challenges des affaires, mais maintenant j'en ai assez de la pression permanente. |

## Étape 2

Le deuxième questionnaire a pour but de l'aider à apprécier la nature de la croisée des chemins vécue aujourd'hui.

| | |
|---|---|
| **Suis-je actuellement à un tel carrefour ?** | Oui, parce que j'en ai assez de ce métier qui nécessite de voyager (et cela ne fera qu'empirer). J'ai peur d'y perdre mon couple et de ne plus voir mes enfants. |
| **Que voudrais-je obtenir à la sortie de cette croisée des chemins ?** | Être plus en harmonie avec moi-même.<br>Un métier qui concilie vie professionnelle et vie de famille. |
| **Qu'est-ce qui pourrait m'empêcher de continuer dans cette direction ?** | Une promotion à un poste fonctionnel dans mon entreprise.<br>La difficulté (par manque de temps ou d'opportunité) à trouver un projet viable.<br>Un projet qui m'obligerait à changer de région.<br>La faible rentabilité du projet à un moment où j'ai besoin de consacrer plus de moyens à l'éducation de mes enfants. |
| **Comment pourrais-je savoir que j'ai réussi ?** | Avoir chaque jour le sentiment d'avoir été plus disponible pour ma femme et mes enfants.<br>Avoir le sentiment de faire un travail qui contribue au bien-être des autres. |
| **Quel prix suis-je prêt à payer pour y arriver ?** | Une certaine perte de revenus (au moins dans un premier temps). |
| **Quelle serait ma vie si je ne réalisais pas mon rêve ?** | Une montée à la fois du stress (course permanente à l'objectif) et de frustration (être absent de la maison alors que je sais que mes enfants ont besoin de moi). |

# Corrigé de l'exercice 2

## Étape 1

Stéphane réfléchit au métier qu'il exerce, à ses passions et fait un retour en arrière.

| | |
|---|---|
| **En quoi ai-je toujours été doué ?** | Fédérer et unir les gens vers un même but.<br>Lorsque je faisais du rugby (au niveau scolaire et universitaire), je me suis vite retrouvé « élu » capitaine par mon entraîneur et les autres joueurs.<br>Au lycée, j'étais souvent choisi comme délégué de classe. À l'université, j'ai été responsable de l'association des élèves... et dans mon travail, mon statut de directeur des ventes n'est discuté par personne, y compris par de vieux routiers très expérimentés.<br>Ainsi, pour la coordination des achats de produits bio dans mon voisinage, ce sont mes voisins qui m'ont sollicité pour l'organiser. |
| **Quels sont les situations ou les problèmes qui me semblent les plus faciles à aborder ou à résoudre ?** | J'ai besoin d'œuvrer pour une cause à laquelle je crois et qui a du sens pour moi. |
| **Que viennent chercher les autres (amis, collègues) chez moi ?** | À la fois ma motivation et ma capacité d'écoute. Je sais écouter, mais aussi leur donner envie d'atteindre ensemble un but.<br>Ils estiment aussi que les buts que je partage avec eux sont « sains ». |
| **En quoi mon entourage m'a-t-il toujours dit que j'étais doué ?** | À voir plus loin que les autres, à rester constant, même dans la tempête, à savoir reconnaître ce que chacun peut apporter et à encourager chacun tant collectivement qu'individuellement. |
| **Quels étaient mes talents spécifiques dans mes emplois précédents ?** | Fédérer et orienter les efforts dans la bonne direction, tant sur le plan des résultats que de la motivation. |

## Étape 2

L'étude de ses loisirs est aussi révélatrice, car ce sont des activités qu'il a choisies.

**Ses loisirs d'hier à aujourd'hui**

| | Durée de l'intérêt | Compétences requises | Mes centres d'intérêts dans ces loisirs |
|---|---|---|---|
| À quoi consacrai-je mes loisirs ? | 5 ans, délégué de classe au lycée | Autorité<br>Goût de la justice | Sport : partage de l'effort ; esprit d'équipe ; challenge |
| | 6 ans de rugby scolaire et universitaire (capitaine de l'équipe) | Esprit d'équipe<br>Confiance en soi<br>Goût de la victoire | |
| | 2 ans, responsable du bureau des élèves à l'université | Initiative<br>Animation | Représentation des autres (responsable au tennis, membre du CE…)<br>Besoin de donner<br>Redonner aux autres ce que d'autres m'ont apporté |
| | 10 ans de tennis (responsable bénévole de la section Jeunes) | Autorité<br>Exemplarité | |
| | 2 ans membre du comité d'entreprise chez un employeur | Goût de la justice<br>Servir les autres<br>Animation | |
| | Depuis 3 ans, coordinateur d'un groupe de collecte de produits frais bio dans mon quartier | Cause juste<br>Partage d'une passion avec ma femme | |

En continuant son introspection, Stéphane réalise qu'il est reconnu par les autres comme leader lorsque, d'instinct, il choisit des causes qu'il ressent comme justes et motivantes. Parmi celles-ci, celles qui concernent l'écologie et le développement durable l'interpellent parce qu'il se sent responsable de l'environnement qu'il va laisser à ses enfants.

### Étape 3

**Appelez-moi quand...**
Vous avez besoin d'un leader pour fédérer, animer et motiver vers un but (à condition qu'il ait du sens pour moi).

## Corrigé de l'exercice 3

### Étape 1

Stéphane complète le dessin suivant :

**Mes passions**
Un objectif qui a du sens
Partager (ici avec ma femme)
Challenge
Mode de vie équilibré
Écologie

**Mes dons naturels**
Fédérer
Dynamiser
Sens du concret
Autorité

**De cet exercice, je conclus que...**
*(Une phrase)*
*Mettre en œuvre mon énergie pour une cause juste et qui me permette d'avoir un meilleur équilibre entre vie privée et vie professionnelle*

Stéphane réalise que son modèle stratégique est d'avoir une activité :
– qui a du sens pour lui ;
– qu'il puisse partager avec son épouse ;

– qui lui permette aussi d'avoir une vie personnelle plus épanouie, quitte à gagner moins et à surprendre sa famille et ses amis.

Il y a trois ans, il s'est intéressé à un regroupement, dans son voisinage, de familles souhaitant acheter des produits frais bio en direct de petits producteurs. Son allant naturel l'a conduit à en devenir le coordinateur bénévole. L'intérêt qu'il y porte l'amène à se demander si cela pourrait être une piste.

### Étape 2

Il bâtit son modèle stratégique :

| Étapes | Actions | Calendrier | Personnes impliquées |
|---|---|---|---|
| Quitter mon travail actuel | Préparer la transition | Dans les six mois | DRH |
| Construire mon projet | Étude de marché | D'ici un an | Société d'études |
| Me reloger plus confortablement | Chercher une maison | D'ici 18 mois | Agence immobilière |
| Impliquer mon épouse | Recherche de produits | D'ici 18 mois | Épouse |
| Me fixer des règles pour protéger mon style de vie | Mieux gérer son emploi du temps | Dès le lancement du projet | Famille |

### Étape 3

Il se projette (vision) : « Je me vois à la tête d'une centrale d'achats de produits bio favorisant leur implantation dans un réseau de distribution traditionnel ou en vente directe aux particuliers. Ma femme travaille avec moi et nos enfants sont fiers que leurs parents contribuent au bien-être de tous. Notre sélection de produits est reconnue pour sa qualité et beaucoup de personnes veulent travailler ou collaborer avec nous. Chaque nouvelle référence est une joie et un plaisir de contribuer au développement de l'entreprise et au bien-être de tous. Mes salariés sont fiers de ce qu'ils font et ils savent communiquer leur bonne humeur à nos clients. »

### Étape 4

Test de cohérence : ma petite société « Moi SARL » est-elle porteuse de sens ?

| | |
|---|---|
| **Mon principal produit ou service dans le futur sera...** | Des produits bio issus de petits producteurs |
| **Ma principale cible sera... (interne ou externe à l'entreprise)** | Les distributeurs qui veulent créer un lien de proximité avec leurs clients |
| **Ma contribution spécifique sera...** | Communiquer du sens et du bien-être aux consommateurs par mon énergie |

## Corrigé de l'exercice 4

### Étape 1

Stéphane est aussi quelqu'un de réaliste. Il sait que son aventure engage également ses proches.

| | |
|---|---|
| **Comment décrire ma croisée des chemins ?** | C'est un changement profond qui a un impact aussi bien sur ma vie personnelle et familiale que professionnelle. C'est peut-être le plus grand challenge que j'ai jamais eu : je cours des risques et surtout fais courir des risques aux miens. |
| **Quelle est la distance qui me sépare de celle-ci ?** | De six mois à trois ans. Il me faudra six mois pour mettre en œuvre mon projet et trois ans pour savoir si j'ai eu raison. |
| **Qu'est-ce qui m'empêche de réaliser ma vision ?** | Je change totalement de domaine, tout en mettant en danger mes revenus. Cela fait beaucoup de changements, surtout si j'y ajoute le besoin de déménager. Puis-je tout assumer en parallèle ? |
| **Un exemple d'échec qui pourrait arriver à cause de cela** | Une perte de revenus plus importante que prévu (par exemple, si les charges liées au projet sont plus importantes que prévu et les rentrées d'argent différées) peut mettre ma famille en danger.<br>Cela pourrait nous obliger à réduire drastiquement notre mode de vie, voire à déménager. Bien sûr, il y a le revenu régulier de ma femme (enseignante) qui est une garantie. |
| **Quelles sont les peurs qui y sont associées ?** | Ne plus me voir comme le chef de famille en cas d'échec, dans le sens de celui qui apporte le revenu (principal) à la maison. |
| **Si je poursuis mon rêve, que va-t-il m'arriver ?** | Il va falloir mettre à plat notre besoin en termes de revenus et peut-être étaler nos dépenses dans le temps. |

## Étape 2

La question sur les peurs associées fait réfléchir Stéphane.

| | |
|---|---|
| **Quels sont les éléments extérieurs à moi-même qui me bloquent ?** | Ma méconnaissance de ce marché. Je sais toutefois faire une étude de marché pour en mesurer les risques. |
| **Qu'est-ce qui, venant de moi, me freine ?** | Mon image de moi, comme le leader fort qui réussit tout ce qu'il entreprend. |
| **Quelles sont les histoires que je me raconte et qui me freinent toujours ?** | Je me raconte toujours que les autres ont besoin de moi en tant que leader exemplaire et que je dois être fort. |
| **Quelles sont les origines de ces histoires ?** | Le souvenir de mes parents qui, accaparés par leur commerce, avaient peu de temps pour s'occuper de moi (et de mes frères et sœurs). Je voulais les aider en me montrant autonome. |
| **Quel est le lien entre ce projet et mon passé ?** | En fait, j'ai toujours reproché à mes parents de n'avoir pas su faire évoluer leur mode de vie en accord avec leurs aspirations. Ils étaient dans un mode de survie (exercer son métier parce qu'il rapporte, même si on ne l'aime pas).<br>Peut-être que je souhaite leur montrer qu'il est possible de tout concilier. |

## Étape 3

Stéphane décide de travailler sur ses phrases limitantes.

| **Mes phrases limitantes** | **Pour chacune de ces phrases, je m'interroge :**<br>**Qui dit que… ?**<br>**Où a-t-il été écrit que… ?**<br>**Où a-t-il été décidé que… ?** |
|---|---|
| Je dois subvenir seul aux besoins de ma famille. | C'est vrai qu'il s'agit d'une habitude culturelle, du temps où les femmes restaient à la maison. Ma femme travaille et son salaire contribue au bien-être de la famille. Peut-être est-ce moi qui me raconte une histoire : je pense que seul l'argent permet de remplir le rôle de « chef de famille ». |
| La qualité de vie procurée par l'argent est importante pour le bonheur des miens. | Mes enfants supportent de moins en moins bien mes absences lors de mes voyages. Est-ce moi qui pense « acheter » leur affection avec de l'argent ? |
| Si je ne rapporte plus d'argent, je ne serai plus reconnu. | Cela rejoint ma réponse à la première question. J'ai l'impression que le pouvoir, c'est l'argent : plus je rapporte, plus je suis reconnu. Il faut que je travaille sur ce point si je veux me sentir à l'aise dans ma direction. |

## Corrigé de l'exercice 5

Stéphane écrit ci-dessous trois de ses valeurs clés, puis note une activité qu'il fait quotidiennement en ligne avec cette valeur. Ensuite, il inscrit une activité ou un comportement qui contredit cette valeur et n'est pas en ligne avec elle.

| | **Valeur** | **Comportement en ligne** | **Comportement « hors ligne »** |
|---|---|---|---|
| **1** | Cause juste | Je m'occupe de la coordination de la vente de produits bio. C'est une cause juste parce que je permets aux gens de mieux se nourrir et de mieux se porter. | Je ne suis plus en ligne avec la vente des produits/services de mon entreprise. Ce sont de bons produits, mes clients sont heureux mais cela n'a pas d'intérêt pour moi... si ce n'est le challenge de l'objectif. Les produits de mes principaux concurrents sont équivalents. Je n'ai pas le sentiment d'apporter un « plus » à mes clients. |
| **2** | Partage | Je partage nombre de centres d'intérêts avec ma femme. | Je partage peu mes sentiments avec ma famille. |
| **3** | Famille | Le temps passé : quand je suis chez moi, tout mon temps est consacré à ma famille (par exemple, j'accompagne mes enfants à leurs activités). | Mes voyages professionnels m'entraînent de plus en plus loin et de plus en plus longtemps. |

Stéphane essaie de créer un comportement alternatif à ce comportement « hors ligne ».

| | Comportement « hors ligne » | Comportement alternatif qui, lui, est en ligne | À destination de qui ? |
|---|---|---|---|
| 1 | Je ne suis plus en ligne avec la vente des produits/services de mon entreprise. Ce sont de bons produits, mes clients sont heureux, mais cela n'a pas d'intérêt pour moi… si ce n'est le challenge de l'objectif. | Valoriser la notion de services. Proposer de la valeur ajoutée qui me donne le sentiment d'offrir ce qu'il y a de meilleur. | Clients |
| 2 | Je partage peu mes sentiments. | Apprendre à exprimer mes sentiments, ne pas le ressentir comme une faiblesse. | Famille |
| 3 | Mes voyages professionnels m'entraînent de plus en plus loin et de plus en plus longtemps. | Déléguer en formant mes proches collaborateurs. | Collaborateurs<br>Famille (être plus présent) |

Stéphane ouvre ensuite son agenda et inscrit ces nouveaux comportements dans le programme de ses semaines à venir.

# Corrigé de l'exercice 6

## Étape 1

Stéphane réfléchit à la manière de faire le mieux possible la transition entre son travail actuel et son projet. Une partie de ce dernier peut être réalisée (étude de faisabilité, étude de marché) tout en continuant à travailler. L'important, pour lui, est d'avoir un premier regard sur ce marché. Il se donne un mois pour bâtir une première étude de faisabilité.

C'est sur cette partie de la démarche qu'il concentre son attention.

| **Principales actions à prévoir** | **Hiérarchisation**<br>**A = indispensable**<br>**B = à faire**<br>**C = si possible** | **Temps à prévoir** | **Échéance** |
|---|---|---|---|
| Recueillir sur Internet de la documentation sur le marché bio | B | 6 heures | Semaine 2 |
| Aller visiter divers magasins | A | 1 jour | Semaine 3 |
| S'abonner à des revues spécialisées | B | 2 heures | Semaine 1 |
| Visiter des forums et des sites dédiés | B | 6 heures | Semaine 2 |
| Écrire à des grossistes bio et des chaînes de franchisés | A | 2 heures | Semaine 1 |
| Interroger des clients de magasins bio | C (à cette étape) | 1 jour | Semaine 3 |
| Bâtir une première étude de faisabilité | A | 2 jours | Semaine 5 |

## Étape 2

Stéphane reporte ses actions du tableau précédent dans ce calendrier. L'échelle de temps est ici la semaine.

| Actions | Semaine 1 | S 2 | S 3 | S 4 | S 5 |
|---|---|---|---|---|---|
| Recueillir sur Internet de la documentation sur le marché bio | | | | | |
| Aller visiter divers magasins | | | | | |
| S'abonner à des revues spécialisées | | | | | |
| Visiter des forums et des sites dédiés | | | | | |
| Écrire à des grossistes bio et des chaînes de franchisés | | | | | |
| Interroger des clients de magasins bio | | | | | |
| Bâtir une première étude de faisabilité | | | | | |

## Étape 3

Stéphane se pose aussi la question de ses compétences.

| | Existant | À développer | Qui peut me soutenir ? | Plan d'actions |
|---|---|---|---|---|
| **Temps** | Peu de temps | Trouver du temps pour bâtir ma démarche | Ma femme<br>Mes collaborateurs | Déléguer des tâches<br>Limiter les voyages<br>Réduire les activités extra-professionnelles |
| **Attitudes** | Persuader<br>Fédérer<br>Dynamiser | Partager plus mes émotions | Coach ? | Trouver un coach N.E.W.S. |

| | | | | |
|---|---|---|---|---|
| **Compétences (Skills)** | Marketing<br>Commercial<br>Négociation<br>Management | Gestion d'un réseau de distributeurs<br>Comptabilité<br>Animation d'un point de vente | Documents<br>Stage à la chambre de commerce | Aller à la chambre de commerce me documenter |
| **Connaissances (Knowledge)** | Étude de faisabilité | Trésorerie<br>Législation sur les produits alimentaires | Livres<br>Comptable<br>Chambre de commerce | Trouver un comptable pour bâtir un plan financier |

## Corrigé de l'exercice 7

Comment vous donner toutes les chances de réussir ? Stéphane cible un besoin spécifique pour lequel il définit un but précis avec des objectifs « SMART » à la semaine.

### Étape 1

Stéphane découpe et suit les résultats de ses actions par semaine.

| | **Actions** | **Résultats** |
|---|---|---|
| **Semaine 1** | Recueillir de la documentation sur Internet | À poursuivre en semaine 2 |
| | S'abonner à des revues spécialisées | Au bout d'une semaine : abonnement à 3 revues + 5 lettres d'information électroniques |
| | Visiter des forums et des sites dédiés | Une vingtaine de sites explorés, 3 forums perçus comme intéressants |
| | Écrire à des grossistes bio | Non, à reporter : besoin de plus de préparation |
| **Semaine 2** | Recueillir de la documentation sur Internet | Résultats incomplets : trop d'informations. À retravailler |
| | Visiter divers magasins | 4 magasins visités (avec entretien avec le responsable) |
| | Interroger des clients | 10 clients interrogés |
| | Visiter des forums et sites dédiés | 3 à partir des déclarations des clients |

Il vérifie si ses objectifs sont « SMART ».

Objectifs étudiés : visiter des magasins vendant des produits bio et interroger des clients.

| | |
|---|---|
| **En quoi est-il Spécifique ?** | Centré sur mon projet (apprécier les attentes) |
| **Comment le Mesurer ou l'observer ?** | Objectif du nombre de magasins visités par semaine : 3<br>Objectif du nombre de personnes à interviewer : 7 |
| **Est-il Atteignable ?** | Oui, si je délègue ou abandonne certaines tâches du week-end (activités des enfants, engagement de vie associative). |
| **Est-il Réaliste ?** | Oui. |
| **Temps fixé (suggestion : la semaine)** | Une semaine. |

Il apprend ainsi à découper ses actions en petites unités.

## Étape 2

Stéphane bâtit une boucle de réussite.

| Étapes | Votre action |
|---|---|
| **Je lance une étape.** | 4 magasins à visiter et 10 personnes à interviewer. |
| **Je la mets en œuvre.** | Choix des cibles : magasins bio + magasins traditionnels.<br>Interviews : à la sortie du magasin. |
| **J'en récolte les fruits.** | J'analyse les résultats : j'ai interviewé 4 détaillants et 10 clients. |
| **Je la fête.** | Si j'y parviens, j'invite ma famille à un pique-nique (avec des produits bio, bien sûr !) le dimanche. |

## Étape 3

Stéphane analyse son objectif de visite aux boutiques lors de la semaine 2.

| | |
|---|---|
| **Étiez-vous trop ambitieux ?** | Non, j'ai même pu en visiter plus que prévu. |
| **Aviez-vous planifié votre projet de manière réaliste ?** | Oui, j'ai choisi des magasins suffisamment proches pour limiter les pertes de temps en déplacements. |
| **Avez-vous oublié de prendre en compte certains facteurs ?** | Oui, la disponibilité des commerçants aux heures de pointe. |

| | |
|---|---|
| **Aviez-vous insuffisamment étudié le domaine ?** | Oui, parce que je n'ai pas l'habitude de faire les courses. |
| **Avez-vous été à la hauteur pour cet objectif ?** | Oui, j'ai revu, au fil des entretiens, ma liste de questions. |
| **Le résultat est-il réellement différent de ce que vous attendiez ?** | Non, au niveau des premiers résultats, mais je dois interroger plus de détaillants. |

## Étape 4

Stéphane ajuste les écarts au moyen du tableau TASK (voir exercice 6).

| | |
|---|---|
| **Est-ce une question de Temps ou de ressource ? Quelle est-elle ?** | Aller aux heures creuses des commerçants pour ceux-ci et heures pleines pour les particuliers. |
| **Est-ce une question d'Attitude ? Quelle est celle qui est nécessaire ?** | Non. J'ai l'habitude de parler à des industriels. Je dois changer ma manière d'être pour aborder les commerçants. |
| **Est-ce qu'il vous manque des Compétences ? Où pouvez-vous les apprendre ?** | Oui, la vente de produits bio nécessite un mélange de compétences techniques (utilisation du produit) et surtout relationnelles. Le client « bio » n'achète pas ses produits comme un industriel. Il faut que j'aille faire plus souvent les courses et observer les commerçants : ils ont beaucoup de choses à m'apprendre en termes de vente ! |
| **Est-ce qu'il vous manque des Connaissances ? Où pouvez-vous les acquérir ?** | Oui, sur le fonctionnement d'un magasin (contraintes horaires, réglementaires...). Il faut que je me renseigne à la chambre de commerce. |

# Troisième partie

# POUR ALLER PLUS LOIN

# Programme d'un stage de formation de deux jours

## Immersion dans la méthode N.E.W.S.

**▸ *Objectifs***

– Avoir une vision claire de son but.
– Lever les obstacles à la réussite.
– S'assurer de la cohérence avec ses valeurs.
– Monter un plan d'actions.
– Faire vivre ce plan d'actions dans le temps.

## Première journée

### Matin

– Ouverture autour de l'exercice 1 (expériences passées).
– Présentation de la portée du programme.
– Exposé : les croisées des chemins (chapitre 1).
– Présentation de la méthode N.E.W.S.
– Travail en groupe sur les croisées des chemins actuelles : vraies ou fausses croisées ? (suite de l'exercice 1).

*Pause*

– Exposé : pourquoi trouver sa spécificité ? (chapitre 2).
– Travail en sous-groupes sur votre image vue par les autres (exercice 2).
– Synthèse en groupe : le « Moi SARL » du groupe.

### Après-midi

- Exposé : le « NORD », se donner une cible cohérente avec sa spécificité (chapitre 3).
- Travail en sous-groupes sur l'exercice 3.
- Construction en sous-groupes d'un modèle stratégique.

*Pause*

- Exposé : le « SUD », réduire les freins à la réussite (chapitre 4).
- Travail en sous-groupes sur l'exercice 4.
- Synthèse sur la cérémonie d'abandon des croyances limitantes.

## Deuxième journée

### Matin

- Exposé : l'« EST », être en cohérence ave ses valeurs (chapitre 5).
- Exercice : l'écart de congruence et l'écart entre « Être – Faire » (exercice 5).

*Pause*

- Exposé : l'« OUEST », bâtir son plan d'actions (chapitre 6).
- Exercice : bâtir un outil TASK (exercice 6).

### Après-midi

- Exposé : impliquer et communiquer à son entourage (chapitre 6).
- Exercice de communication du projet à des proches.

*Pause*

- Exposé : suivre la stratégie dans le temps (chapitre 7).
- Travail en groupe : construire un système de pilotage de projet à la semaine (exercice 7).
- Synthèse générale et bilan.

# LEXIQUE

**Atout :** Ce qui vous donne un sentiment fort et positif de vous-même et qui fait la différence avec vos pairs. C'est quelque chose que vous aimez faire, qui ne soit pas seulement profitable, mais vous apporte également beaucoup de satisfaction personnelle.

**Bilan de compétences :** Démarche formalisée qui permet un travail personnel de réflexion et d'analyse, guidé par un conseiller spécialisé. Il permet de vérifier l'adéquation de votre démarche ou de votre projet professionnel avec vos compétences.

**Boucle de réussite :** Méthode pour ancrer une réussite et ses composantes. Elle comprend quatre phases : lancer une étape, la mettre en œuvre, en récolter les fruits et la fêter pour créer une nouvelle croyance positive à ce sujet.

**Carte politique :** Diagramme comprenant tous ceux qui sont impliqués, à un titre ou à un autre, dans la situation présente. Leur disposition et le signe qui leur est accolé permettent de prendre en compte l'équation des « pour », des « contre » et des « neutres ».

**Charisme :** Mot grec qui signifie « un don de Dieu ». Le charisme est la capacité de se faire entendre et écouter sans élever la voix, donner une direction et la faire partager, tant sur le plan intellectuel qu'émotionnel, transmettre une vision et y faire adhérer. Le charisme n'est pas automatiquement associé au pouvoir et à la décision.

**Croisée des chemins :** Une croisée des chemins (ou « carrefour ») est une situation dans laquelle vous devez faire des choix affectant de manière plus ou moins importante votre vie personnelle et/ou professionnelle. Exemples : mariage, changement de travail, expatriation… Vous avez le choix entre plusieurs options, chacune ayant des conséquences différentes.

**Croyances limitantes :** Ce sont les filtres qui vous enferment et limitent. Certaines croyances sont liées à votre histoire, d'autres à votre personnalité et aux difficultés perçues.

**Différenciation (marketing de la) :** Le marketing de la différenciation vise à vous différencier aux yeux de vos interlocuteurs. Deux méthodes sont possibles pour vous démarquer : accroître la valeur de votre offre par rapport à celle de référence ou… la diminuer.

**Direction :** La direction qui repose sur votre excellence (votre atout) est à l'intersection de deux questions, « Par quoi êtes-vous passionné ? » « Quelles sont vos compétences fondamentales ? ».

**Don naturel :** Un avantage naturel, une qualité innée. Vous n'avez rien fait pour l'avoir et peut-être rien aussi pour l'exploiter, mais il est bien là. Vous avez un ou des don(s) naturel(s). Cela suppose de connaître vos qualités et vos défauts et surtout de les accepter.

**Écart de congruence :** L'écart de congruence est l'écart entre vos motivations originelles et ce que vous choisissez de faire avec votre vie. Ou, en d'autres termes, l'écart d'alignement entre votre « EST » et votre « NORD ».

**EST :** Dans le modèle N.E.W.S., l'« EST » vous aide à répondre à la question « Pourquoi ? ». Votre travail dans l'« EST » est de découvrir vos motivations authentiques, vos valeurs profondes, ce qui vous anime et vous dynamise. Se sentir bloqué dans l'« EST » provient d'une situation dans laquelle, si vous avez une direction pour votre futur, vous avez perdu le « pourquoi » vous voulez y aller. Vous n'êtes plus motivé. Les symptômes sont votre fatigue et votre épuisement. Vous n'éprouvez pas de « bien-être » à bouger dans cette direction.

**Excellence :** Ce qui vous rend unique. Elle est à chercher dans ce qui vous passionne.

**Facteurs clés de succès :** Caractéristiques qui assurent plus facilement le succès sur un marché donné.

**Fataliste :** Plus quelqu'un est fataliste et plus il se met en situation de « subir », a un manque de confiance en soi et ressent de la frustration.

**Filtres :** Différents modes de sensations ou de réflexions utilisés pour analyser une situation. Ces filtres de perception peuvent prendre plusieurs formes non exclusives (image de soi, image du projet, image projetée sur les autres, etc.). Il y a, d'un côté, des filtres qui vous donnent de l'énergie et vous stimulent, et, de l'autre, ceux qui vous enferment et vous limitent.

**Focalisation (marketing de la) :** Le marketing de la focalisation consiste à choisir une niche sur laquelle vous recherchez un avantage concurrentiel. Quelques méthodes : cibler un noyau de clientèle, créer une base de données de celle-ci, personnaliser le service, etc.

**Gantt :** Le diagramme de Gantt est un outil permettant de planifier le projet et de rendre plus simple le suivi de son avancement.

**GROW :** Abréviation de « *Goals* » (Buts), « *Reality check* » (Situation actuelle), « *Options* » (Alternatives), « *Work plan* » (Actions). Ce modèle, développé par sir John Whitmore, est utile comme outil tactique et stratégique.

**Herzberg :** Frederick I. Herzberg (1923-2000) est un psychologue américain, célèbre pour l'enrichissement des tâches au travail dont la théorie des besoins et des motivations.

**Maslow :** Abraham Maslow (1908-1970) est un psychologue américain, surtout connu pour son explication de la motivation par la hiérarchie des besoins.

**Modèle du Diamant :** Le Modèle du Diamant illustre le circuit en boucle suivant ; vous percevez la réalité en écoutant, lisant et/ou voyant. Cette perception va se traduire en sensations que vous allez rationaliser. Les sensations vont vous conduire à agir (ou non). Le retour de vos interlocuteurs (ou de votre environnement) sur votre attitude ou vos paroles vous donnera une nouvelle vision de la réalité. La boucle repart...

**Modèle du Soleil :** Il s'agit d'un diagramme représentant les liens entre différentes actions. Cela permet de présenter graphiquement différents plans sur une même feuille.

**Modèle pratique :** Il comprend les mouvements, les calendriers, les personnes et les étapes qui vont vous permettre de vous mouvoir dans la bonne direction compte tenu de votre environnement.

**N.E.W.S. :** La méthode N.E.W.S. est un modèle original et innovant d'auto-navigation. Son nom dérive de l'abréviation des premières lettres (en anglais) des quatre points cardinaux : *North* (Nord), *East* (Est), *West* (Ouest), *South* (Sud), soit N.E.W.S. Son concept de base est que vous êtes responsable de vos choix et qu'avec eux, vous tracez votre chemin et votre vie. Dans votre vie d'adulte, vous naviguez d'un carrefour clé à un autre. Le modèle se compose d'une boussole personnelle pour vous assister dans vos moments clés et vos choix. Les quatre directions représentent les quatre niveaux de réflexion qui doivent être pris en compte à chaque moment clé, qu'ils soient de nature personnelle, interpersonnelle ou organisationnelle (professionnelle).

**NORD :** Dans le modèle N.E.W.S., le « NORD » vous donne la réponse à des questions telles que « Où allez-vous ? Quelle est votre prochaine étape ? Sur quoi cette décision est-elle basée ? Quel est votre modèle stratégique ? Quelle est votre vision du futur ? Quels sont vos buts ? » Être bloqué dans votre « NORD » peut être lié à une situation dans laquelle vous n'êtes pas sûr de ce que vous devez faire. Vous ne voyez pas clairement le futur et donc votre direction. Vous n'en avez même pas une vision claire. Les symptômes apparents sont la confusion mentale, l'indécision, des conflits intérieurs...

**Objectif :** Dans le modèle N.E.W.S., l'objectif est ce qui va concourir à vous permettre d'atteindre votre vision. Ces objectifs peuvent se décliner en trois niveaux : objectifs fondamentaux, importants et secondaires.

**OUEST :** L'« OUEST » (le « W » de « WEST » dans N.E.W.S.) répond à la question « Comment ? ». Des outils vous aident à planifier et à mettre en œuvre avec succès ce à quoi vous voulez arriver. Être bloqué dans l'« OUEST » tient au fait que vous savez où aller, mais pas comment y arriver. Vous avez du mal à planifier votre démarche ou la mettre en œuvre. Il vous semble que vous manquez de compétences, de ressources... Cela se traduit dans votre attitude par un manque d'efficacité dans la réalisation de vos souhaits.

**Plan d'actions :** Série d'actions planifiées et programmées dans le temps pour atteindre votre objectif.

**Politique de petits pas :** Lorsqu'un projet vous enthousiasme, vous pouvez croire (ou espérer) que votre énergie vous permettra de stimuler votre environnement. Pour ne pas céder au découragement ou à la colère devant des situations imprévues, il est important de vous donner des buts intermédiaires : divisez votre vision et vos objectifs globaux qui la sous-tendent en de multiples petits buts à plus court terme.

**Proactif :** Le terme « proactif » met en valeur l'importance du courage, de la volonté et de la responsabilité individuelle dans les épreuves de la vie. Dans le modèle N.E.W.S., plus vous êtes proactif et plus vous avez un sentiment de contrôle sur votre vie, une confiance en vous et une haute estime de vous.

**RIASEC :** John Holland, un chercheur américain ayant travaillé sur les intelligences multiples, a mis au point une typologie des comportements au travail selon les centres d'intérêts d'un individu : le « RIASEC ». Elle est basée sur 6 profils : Réaliste, Investigateur, Artistique, Social, Entreprenant et Conventionnel. Elle permet de déterminer les activités qui conviennent le mieux à chacun.

**SMART :** Un objectif « SMART » est un objectif Spécifique, Mesurable (ou Observable), Atteignable, Réaliste et dans un laps de Temps fixé.

**Spécificité :** Ce qui vous rend unique. Voir Excellence.

**SUD :** Dans le modèle N.E.W.S., le « SUD » répond à la question « Pourquoi non ? ». Le travail dans le « SUD » facilite l'identification de ce qui vous freine, à situer le(s) point(s) de blocage, et à le(s) surmonter. Être bloqué dans le « SUD » correspond à un moment où vous savez ce que vous voulez, mais vous avez des peurs, des incertitudes, des croyances limitantes à propos de vous-même et de ce qui peut être fait. Tout ceci peut vous dissuader de changer ou d'aller plus loin. Vous ressentez de la peur, des hésitations et avez tendance à procrastiner.

**TASK :** L'outil TASK (Temps, Attitudes, Compétences [Skills] et Connaissances [Knowledge]) vous aide à prendre conscience de « Quelles sont vos priorités (temps) ? » « Quelles Attitudes (savoir-être) devez-vous posséder ? » « De quelles Compétences (savoir-faire) devez-vous faire preuve ? » « Quelles Connaissances (savoir) devez-vous maîtriser ? »

**USP :** Le principe de la « promesse principale » (ou « USP » en anglais – « *Unique Selling Proposition* ») a été développé et popularisé par Rosser Reeves, publicitaire américain, dans les années 1940 au sein de l'agence de publicité Ted Bates. Le principe est simple : pour qu'une publicité délivre tout son potentiel de conviction, elle doit mettre en valeur la promesse principale d'un produit ou d'un service. Cette promesse ne doit pas pouvoir être utilisée par la concurrence et doit être basée sur un élément réellement différenciateur.

**Vision :** Image nette d'une réalité alternative dans le futur. Elle peut inclure des images, des sons et même des odeurs. En pratique, plus vous faites appel à vos sens dans l'élaboration de votre vision, plus votre cerveau peut se projeter dans le futur. Les grands leaders ont une vision convaincante du futur de leur pays ou de leur entreprise. Cette vision devient si attractive que de nombreuses personnes les suivent.

# Bibliographie

## Mieux se connaître

CAILLOUX Geneviève, CAUVIN Pierre, *Les types de personnalité*, ESF éditeur, 2007.

CAYATTE Ramez, *Bâtir une équipe performante et motivée*, Eyrolles, 2007.

CHALVIN Dominique, *Développez votre intelligence relationnelle*, ESF éditeur, 2003.

FABART Patrice, *Révélez le manager qui est en vous*, EMS, 2008.

HERRMANN Ned, *The Whole Brain Business Book*, Mc Graw Hill, 1996.

JUNG Carl G., *Les types psychologiques*, Georg, 1990.

RODACH Gérard, CAYATTE Ramez, *Les clés de l'employabilité*, éditions Liaisons, 2006.

RODACH Gérard, *Gérer son temps et ses priorités*, Eyrolles, 2007.

RATH Tom, *Strenghs Finder*, Gallup Press, 2007.

BUCKINGHAM Marcus, *Découvrez vos points forts*, Pearson Education, 2008.

PATTERSON, GRENNY, MC MILLAN & SWITZLER, *Crucial Conversations*, Mc Graw Hill, 2002.

## Le leadership

BLANCHARD K., JOHNSON S., *Le manager minute*, Eyrolles, 2006.

CARROLL Lewis, *Alice au Pays des Merveilles*, Gallimard, 2009.

CAYATTE Ramez, *Bâtir une équipe performante et motivée,* Eyrolles, 2007.

CAYATTE Ramez, *Fédérez votre équipe avec succès,* ESF éditeur, 2007.

CAYATTE Ramez, *Motivez pour gagner,* ESF éditeur, 2008.

CAYATTE Ramez, *Communiquer et convaincre dans un projet,* Eyrolles, 2008.

CHARAN Ram, BOSSIDY Larry, *Tout est dans l'exécution,* First, 2003.

CHARAN Ram, *What the CEO Wants You to Know,* Crown Business, 2001.

COLLINS Jim, *De la performance à l'excellence,* Village Mondial, 2009.

COLLINS Jim, *Bâties pour durer,* First, 1996.

COUÉ Émile, *La méthode Coué,* Marabout, 2007.

COVEY Stephen, *Les 7 habitudes de ceux qui réalisent tout ce qu'ils entreprennent,* First, 2005.

COVEY Stephen, *Purpose : Focusing on What Matters Most,* Franklin Covey, 2000.

COVEY Stephen R., *La huitième habitude,* First, 2006.

CSIKSZENTMIHALYI M., *Mieux vivre en maîtrisant votre énergie psychique,* Pocket, 2006.

GOZ Aviad, *Your Journey to Personal Effectiveness,* Gal publications Israel, 2007.

NUTT Paul C., *Why Decisions Fail ?* Berett Koehler Publishers, 2002.

RODACH Gérard, *Faire appliquer ses décisions,* Eyrolles, 2009.

## Faire face au changement

BESSER Hannah, RODACH Gérard, *Toutes les clés d'une stratégie gagnante,* ESF éditeur, 2007.

CARDON Alain, *Leadership de transition,* éditions d'Organisation, 2005.

CAYATTE Ramez, RODACH Gérard, *Une vague à 12 temps, face au changement permanent,* éditions Liaisons, 2007.

GOLDRATT Eliyahu, *Le but : un processus de progrès permanent,* AFNOR, 2006.

COVEY Stephen, STOLTZ Paul, WEIHENMAYER Erik, *The Adversity Advantage,* Fireside books, 2008.

YATCHINOVSKY Arlette, *Mieux vivre le changement,* ESF éditeur, 2004.

## Faire preuve de créativité

AZNAR Guy, *Idées — 100 techniques de créativité pour les produire et les gérer,* éditions d'Organisation, 2005.

BUZAN Tony, *Mind Map,* éditions d'Organisation, 2003.

BONO Edward de, *La boîte à outils de la créativité,* éditions d'Organisation, 2004.

GAVRILOFF I., JARROSSON Bruno, *Une fourmi de 18 mètres ça nexiste pas,* Dunod, 2006.

## Bâtir une démarche

CAYATTE Ramez, RODACH Gérard, *Une vague à 12 temps (le changement permanent),* éditions Liaisons, 2007.

CHAN Kim W., MAUBORGNE René, *Stratégie océan bleu : comment créer de nouveaux espaces stratégiques,* Pearson Education, 2008.

COLLINS James C., PORRAS Jerry I., *Bâties pour durer. Les entreprises visionnaires ont-elles un secret ?,* First, 1996.

LYNCH Dudley, KORDIS Paul L., *La stratégie du dauphin,* éditions de l'Homme, 2006.

RODACH Gérard, *Mettre en place une stratégie gagnante,* ESF éditeur, 2009.

## Gérer ses ressources (analyse financière et tableaux de bord)

FERNANDEZ Alain, *L'essentiel du tableau de bord,* Eyrolles, 2008.

GRANDGUILLOT Béatrice et Francis, *L'essentiel de l'analyse financière,* Gualino, 2008.

LEBELLE Bernard, *Construire un tableau de bord pertinent sous Excel,* éditions d'Organisation, 2007.

## Communiquer sur son projet

CAYATTE Ramez, *Motivez pour gagner*, ESF éditeur, 2008.

RODACH Gérard, *Développer son charisme et son leadership*, Eyrolles, 2008.

# Pour aller plus loin

Vous pouvez travailler sur vous-même avec ce livre et les exercices associés. Vous pouvez aussi souhaiter aller plus loin.

Faites alors appel à un coach certifié N.E.W.S. pour vous accompagner dans votre démarche.

Vous trouvez plus d'informations sur la méthode N.E.W.S. et des adresses de coachs N.E.W.S. sur le site Internet www.newscoaching.com.

# Index

## O



## P



## R



## S



## T/U/V

*ROGER MUCCHIELLI*
L'analyse de contenu. Des documents et des communications (9e édition – n° 16).
Communication et réseaux de communications (épuisé – n° 12).
Les complexes personnels (5e édition – n° 11).
La conduite des réunions (19e édition – n° 3).
La dynamique des groupes (19e édition – n° 4).
L'entretien de face à face dans la relation d'aide (20e édition – n° 1).
L'étude des postes de travail (épuisé – n° 7).
L'examen psychotechnique (épuisé – n° 8).
L'interview de groupe (7e édition – n° 6).
La méthode des cas (8e édition – n° 5).
Les méthodes actives dans la pédagogie des adultes (11e édition – n° 13).
Observation psychologique et psychosociologique (5e édition – n° 17).
Opinions et changements d'opinion (4e édition - n° 9).
Organigrammes et sociogrammes (épuisé – n° 14).
Psychologie de la publicité et de la propagande (épuisé – n° 10).
Psychologie de la relation d'autorité (6e édition - n° 19).
Psychologie de la vie conjugale (4e édition – n° 15).
Psychosociologie d'une commune rurale (épuisé – n° 20).
Le questionnaire dans l'enquête psychosociale (10e édition – n° 2).
Le travail en équipe (11e édition – n° 18).

*BERNARD ADAM*
Animer une étude analyse de la valeur (épuisé – n° 79).

*ANNE ANCELIN-SCHUTZENBERGER*
Le jeu de rôle (épuisé – n° 43).

*JOSEPH AOUN*
Manager une équipe multiculturelle. Faire de la diversité une clé de la performance (1re édition – n° 161).

*BRUNO BARJOU*
Manager par projet. Méthodes et comportements pour animer hors statut hiérarchique (3e édition – n° 128).
Savoir transmettre son expertise et son savoir-faire (1re édition – n° 109).
Vendre ses idées et ses projets. Des clefs pour obtenir l'accord (3e édition - n° 141).

*BRUNO BARJOU, ANNICK COHEN, JACQUES ISORÉ, JEAN-PIERRE TESTA*
Réussir dans ses nouvelles responsabilités. Prise de fonction : mode d'emploi (7e édition – n° 118).

*GUY BARRIER*
La communication non verbale. Aspects pragmatiques et gestuels des interactions (4e édition – n° 117).
internet, clefs pour la lisibilité. Se former aux nouvelles exigences de l'hypermédia (1re édition – n° 140).

*JEAN-MICHEL BAZIN ET ROGER BAZIN*
Comment raisonner pour décider. Apprendre à trouver des solutions (1re édition – n° 129).

*ROGER BAZIN*
Développement personnel et entraînement mental (5e édition – n° 29).
Le nouvel esprit qualité (épuisé - n° 82).
Organiser les sessions de formation (5e édition - n° 30).

*THIERRY BEAUFORT*
40 exercices de pédagogie ludique pour la formation (1re édition – n° 185).
40 nouveaux exercices ludiques pour la formation (1re édition – n° 191).

*LIONEL BELLENGER*
Agir en stratège. Les enseignements de Sun Tzu au service de votre réussite. (1re édition – n° 168).
Comment managent les grands coachs sportifs. Des pistes concrètes pour le coaching en entreprise (2e édition – n° 156).
La boîte à outils du négociateur. Les meilleures techniques pour questionner, argumenter, réfuter (2e édition – n° 164).
La confiance en soi (8e édition – n° 100).
La force de persuasion. Du bon usage des moyens d'influencer et de convaincre (5e édition – n° 122).
L'argumentation. Principes et méthodes (5e édition – n° 37).
Les outils du négociateur. Consulter, argumenter, réfuter [2] (épuisé – n° 90).
Les fondamentaux de la négociation. Stratégies et tactiques gagnantes (2e édition – n° 163).
L'excellence à l'oral (5e édition – n° 149).
L'expression orale (épuisé – n° 44).
Libérez votre créativité. De l'imagination à l'innovation gagnante (1re édition – n° 166).
Piloter une équipe projet (2e édition – n° 158).
Rire et faire rire. Pourquoi l'humour change la vie. (1re édition – hors série).

Stratégies et tactiques de négociation [1] (épuisé – n° 83).

*LIONEL BELLENGER ET MARIE-JOSÉE COUCHAERE*
Animer et gérer un projet (épuisé – n° 95).
Les techniques de questionnement. Savoir poser les bonnes questions (4e édition – n° 143).
Plus efficace et moins stressé. Le bien-être, clé de la performance (1re édition – n° 159).
L'écoute. Osez l'empathie pour améliorer vos relations (4re édition – n° 182).

*LIONEL BELLENGER ET PHILIPPE PIGALLET*
Dictionnaire de la formation et du développement personnel (1re édition – n° 113).
100 exercices et études de cas pour la formation (4e édition – n° 154).

*LIONEL BELLENGER, PHILIPPE PIGALLET, REHBIA COUILLET, MARIE-JOSÉ COUCHAERE, BRUNO BARJOU*
C'est moi d'abord (1re édition – n° 150).

*PIERRE CAUVIN*
La cohésion des équipes. Pratique du team building (5e édition – n° 119).

*PIERRE CAUVIN ET GENEVIÈVE CAILLOUX*
Les types de personnalité. Les comprendre et les appliquer avec le MBTI (indicateur typologique de Myers-Briggs) (8e édition – n° 102).

*RAMEZ CAYATTE*
Motiver, oui mais comment ? (1re édition - n° 190).

*ALAIN CAYROL ET PATRICK BARRÈRE*
S'initier à la P.N.L. Les basiques de la programmation neuro-linguistique (12e édition – n° 60).

*DOMINIQUE CHALVIN*
L'affirmation de soi (14e édition – n° 41).
Autodiagnostic des styles de management. À l'usage des cadres et des dirigeants (4e édition – n° 56).
Cultivez votre personnalité (1re édition – n° 177).
Du bon usage de la manipulation (4e édition – n° 148).
Faire face aux stress de la vie quotidienne (5e édition – n° 48).
Formation : méthodes et outils. Tome 2 – Encyclopédie des pédagogies pour adultes (3e édition – n° 116).
Histoire des courants pédagogiques. Tome 1 – Encyclopédie des pédagogies pour adultes (2e édition – n° 115).
Les nouveaux outils de l'analyse transactionnelle. Pour développer l'énergie des individus et des organisations [2] (9e édition – n° 64).
Les outils de base de l'analyse transactionnelle. Pour développer l'énergie des individus et des organisations [1] (11e édition – n° 63).
Tensions et conflits dans les relations personnelles. Comment s'en sortir (4e édition – n° 136).
Utiliser tout son cerveau. De nouvelles voies pour accroître son potentiel de réussite (épuisé – n° 61).

*GÉRARD CHANDEZON ET JOËL SALOU*
L'insécurité (épuisé – n° 59).

*JACQUES CHAUMIER*
Travail et méthodes du documentaliste. Pour une exploitation méthodique et optimale de l'information (8e édition – n° 39).

*CORINNE CHAUVIN*
Concevoir un stage de formation. (1re édition – n° 173).

*JEAN-DOMINIQUE CHIFFRE ET JACQUES TEBOUL*
La motivation et ses nouveaux outils (épuisé – n° 74).

*JACQUES CLARET*
Organiser la pensée. Une formation méthodique au travail intellectuel (5e édition – n° 47).

*LAURENT COMBALBERT*
Le management des situations de crise. Anticiper les risques et gérer les crises (1re édition – n° 171).
Négociation de crise et communication d'influence. Résoudre les situations difficiles par la négociation influente (1re édition – n° 179).

*VIRGINIE CORNET, PHILIPPE AURIOL*
Le parler-vrai. La méthode Schutz pour être vrai avec soi-même et avec les autres (1re édition – n° 108).

*MARIE-HÉLÈNE COU ET CLAUDE DEMEURE*
Utiliser efficacement la vidéo en formation (épuisé – n° 111).

*MARIE-JOSÉE COUCHAERE*
Éduquer la mémoire (épuisé – n° 50).
Le développement de la mémoire. Clés pour une mémoire dynamisée (1re édition – n° 147).
Manager son temps et son énergie (épuisé – n° 125).

*REBIHA COUILLET*
Être soi. Une démarche pour se réconcilier avec soi (3e édition – n° 124).

*SOPHIE COURAU*
Les outils de base du formateur. Parole et supports [1] (7e édition – n° 97).
Les outils d'excellence du formateur. Concevoir et animer des sessions de formation [2] (8e édition – n° 99).

Jeux et jeux de rôle en formation (2e édition – n° 175).

*ÉLIZABETH COUZON ET FRANÇOISE DORN*
Les émotions. Développer son intelligence émotionnelle (2e édition – n° 181).

*PHILIPPE CRUELLAS*
Le temps autrement. Le kit de survie des nouveaux nomades (1re édition – n° 135).

*MARC DENNERY*
Évaluer la formation après la réforme (1re édition – n° 172).
La réforme de la formation professionnelle. Année 2 (1re édition – n° 170).
Organiser le suivi de la formation. Méthodes et outils (2e édition – n° 121).
Piloter un projet de formation. Du diagnostic des besoins à la mise sous assurance qualité (5e édition – n° 132).
DIF et professionnalisation. Comment adapter l'offre de formation (1re édition – n° 178).

*GÉRARD DEVAUX*
Se préparer à l'oral des examens et des concours (3e édition – n° 77).

*MARC DOVERO ET ÉLISABETH GREBOT*
Enseigner, former, conseiller avec la PNL (3e édition – n° 93).

*JEAN-CHRISTOPHE DURIEUX, HANNAH BESSER*
Réussissez vos recrutements. De la définition du besoin à l'intégration du collaborateur (2e édition – n° 165).
Développement personnel et professionnel. Pour s'accomplir au jour le jour (1re édition – n° 176).

*VICTOR ERNOULT, JEAN-PIERRE GRUERE, FABIENNE PEZEU*
Optimiser les ressources humaines dans l'entreprise (épuisé – n° 53).
fédération française de coaching
Agir en coach. Les bonnes pratiques d'un coaching professionnel (1re édition – n° 76).

*ALAIN FRÉDÉRIC FERNANDEZ, FRANK SAVANN*
Manager la formation aujourd'hui. De la gestion du budget au développement des compétences (2e édition – n° 167).

*ODILE FEVRE ET ÉRIC SCHULER*
L'affirmation de soi au féminin. L'assertivité au féminin (1re édition – n° 114).

*MICHEL FUSTIER*
Pratique de la créativité (épuisé – n° 33).

*PHILIPPE GABILLIET*
Savoir anticiper. Les outils pour maîtriser son futur (1re édition – n° 137).

*PHILIPPE GABILLIET ET YVES DE MONTBRON*
Se former soi-même (épuisé – n° 126).

*BERNARD GANGLOFF*
Les techniques de recherche d'emploi (1re édition – n° 104).

*BERNARD E. GBÉZO*
Agressivité et violences au travail. Comment y faire face (2e édition – n° 142).

*CHANTAL GENSSE*
Le manager aux 5 passeports (1re édition – n° 153).

*MICHEL GIFFARD*
Développez votre intuition et celle de votre équipe (épuisé – n° 92).

*PATRICK GILBERT ET CHRISTIAN CHARDON*
Analyser l'écriture. Une démarche et un outil nouveaux en graphologie (2e édition – n° 67).

*LAURENT GODBOUT*
S'entraîner à raisonner juste (épuisé – n° 78).

*ÉLISABETH GREBOT*
Images mentales et stratégies d'apprentissage. Explication et critique. Les outils modernes de gestion mentale (2e édition – n° 101).

*ANDRÉ GUITTET*
Développer les compétences par une ingénierie de la formation (2e édition – n° 107).

*HUBERT JAOUI*
Créativité, mode d'emploi (3e édition – n° 81).

*HUBERT JAOUI, FRANÇOIS-MARIE PONS*
La communication pratique au service des entreprises (épuisé – n° 94).

*ALAIN JOLIBERT ET MAUD TIXIER*
La négociation commerciale. Études de cas. Préparation et stratégie (1re édition – n° 76).

*ALAIN KERJEAN*
L'apprentissage par l'expérience. Pour développer les compétences stratégiques (1re édition – n° 174).

*PATRICK KORENBLIT, CHARLES NEUMAN, CHRISTIAN JEANGUIOT*
Mettre en place les entretiens professionnels. L'évaluation après la réforme (1re édition – n° 162).

*PATRICK KORENBLIT, CAROLE NICOLAS, HÉLÈNE LEHONGUE*
Construire son projet professionnel à partir du bilan de compétences (2e édition – n° 157).

*JEAN-FRANÇOIS LABOREY*
L'entretien annuel d'appréciation et de carrière (épuisé – n° 88).

*GINGER LAPID-BODGA*
L'ennéagramme. Se connaître pour réussir (1re édition – hors-série).
Le Leadership. Découvrez le leader qui est en vous avec l'Ennéagramme (1re édition – hors série)

*ANNE-MARIE LAPORTE-CASTELNAU ET BRIGITTE LAPORTE-DARBANS*
La gestion de soi. La voie nouvelle du management (2e édition – n° 103).

*JEAN-LOUIS LASCOUX*
Pratique de la médiation. Une méthode alternative à la résolution des conflits (3e édition – n° 144).

*DANIEL LATROBE*
Gérer efficacement son temps et ses priorités. Une logique du plaisir (5e édition – n° 139).

*PIERRE LEBEL*
Améliorer la qualité de vie au travail par la participation (1re édition – n° 80).
Métrologie, mesure et maîtrise des communications (épuisé – n° 28).

*CLAUDE LEBŒUF, ALEX MUCCHIELLI*
Le projet d'entreprise (épuisé – n° 69).

*ÉDOUARD LIMBOS*
L'animation des groupes de culture et de loisirs (5e édition – n° 35).

*YVES-FRÉDÉRIC LIVIAN*
Gérer le pouvoir dans les entreprises et les organisations (1re édition – n° 71).

*CHRISTOPHE LUNACEK*
La délégation efficace. Pour un nouveau management plus responsabilisant (1re édition – n° 105).

*LUC MARSAL*
La détection des potentiels. Pour une gestion anticipée des ressources humaines et des carrières (1re édition – n° 131).

*ARLETTE MUCCHIELLI*
Apprendre à coopérer. Repenser la formation (1re édition – n° 134).

*JACQUES NIMIER*
La formation psychologique des enseignants (1re édition – n° 112).

*DANIEL PEMARTIN*
Réussir le changement (épuisé – n° 68).

*BRIGITTE PIARRAT*
Le bilan de compétences. Comment réussir votre mobilité (1re édition – n° 186).

*PHILIPPE PIGALLET*
Méthodes et stratégies de lecture (épuisé – n° 57).
Les outils de la pensée. éduquer le sens critique (1re édition – n° 127).

*HENRY RANCHON*
Construire votre management d'équipe (1re édition – n° 169).

*CHRISTIE RAVENNE*
Gérer les tournants de carrière (1re édition – n° 72).
Les nouvelles missions du management (épuisé – n° 75).
Rechercher et innover en groupe (épuisé – n° 58).

*GÉRARD RODACH*
Mettre en place une stratégie gagnante (1re édition - n° 189).

*GUY ROUDIÈRE*
Décrypter les débats télévisés. Outils et pratiques (1re édition – n° 138).
Mieux s'exprimer pour convaincre et agir (1re édition – n° 120).
Traquer le non-dit (1re édition – n° 151).

*GHUYSLAINE ROY-LEMARCHAND*
Le management des compétences (1re édition – n° 183).

*GUY SABON*
Formation des tuteurs et des maîtres d'apprentissage. Pour une intégration réussie des jeunes dans l'entreprise (1re édition – n° 106).

*GUY SABON ET JEAN-MARIE JIVEL*
L'entretien de recrutement. Des outils et des méthodes pour mieux recruter (épuisé – n° 96).

*CHANTAL SELVA*
La programmation neuro-linguistique appliquée à la négociation (épuisé – n° 86).

*CHANTAL SELVA ET GUY MISSOUM*
Savoir définir et gérer des objectifs. Une stratégie de la réussite (3e édition – n° 91).

*LOUIS TIMBAL-DUCLAUX*
La communication écrite scientifique et technique (épuisé – n° 84).
L'expression écrite. Écrire pour communiquer (6e édition – n° 42).

*ARLETTE YATCHINOVSKY*
L'approche systémique. Pour gérer l'incertitude et la complexité (4e édition – n° 133).
Mieux vivre le changement. Accompagner et réussir les transitions (1re édition – n° 160).

*ARLETTE YATCHINOVSKY, PIERRE MICHARD*
Le bilan personnel et professionnel. Instrument de management (4e édition – n° 87).
Histoire de vie. Une nouvelle approche pour repenser sa vie autrement (1re édition – n° 110).

Achevé d'imprimer
en octobre 2009
par L.E.G.O. S.p.A.
Lavis (TN), Italie